헤겔의 정신현상학

EBS 오늘 읽는 클래식

헤겔의 정신현상학

자유의지, 절대정신에 이르는 길

한국철학사상연구회 기획 | 이병창 지음

EBS BOOKS

서문

자유라는 말을 들으면 아직도 가슴이 벅차오른다. 어릴 때는 바람을 따라 한없이 걸어가고 싶었다. 좀 더 커서는 장자의 대붕처럼 무한 공간에서 날아다니고 싶었다. 그러나 내가 살았던 젊은 시절은 군부독재의 시대였다. 자유에는 피 냄새가 남아 있을 수밖에 없었다. 그것은 자유가 그토록 소중한 것이기 때문이리라.

하지만 조금만 생각해보면 이런 자유가 실제로 있는 것인지 금방 의심스러워진다. '자유란 무엇일까', '인간은 진정으로 자유로운 것인가'를 밝혀보려는 것은 필자가 오래 고민해왔던 철학의 근본 문제였다.

자유의 철학자라고 한다면 누구나 장폴 사르트르를 생각한다. 대학 시절 나 역시 사르트르의 문학과 철학에 심취했다. 그가 지은 『자유의 길』이라는 소설을 읽으면서, 나는 곧 의문에 빠졌다. 사르트르의 자유는 절대적 선택의 자유다. 그는 심지어 감옥 안에서도 인간은 자유롭다고 외쳤지만, 그에게서 자유는 어디까지나 의식의 자유에 지나지 않는다. 우리는 실제로 삶에서 즉 실천적 의지와 행위 자체에서 자유로워야 하는 것이 아닐까?

그런 고민에 빠져 있을 때 만난 책이 『정신현상학』이었다. 나는 이 책을 대학원 시절에 처음 만나서 연구하기 시작했다. 처음에는 어떤 책인지도 모른 채 빠져들어갔다. 헤겔의 『정신현상학』은 참으로 어려운 책이다. 문장의 앞뒤를 맞추어보는 것조차 어려울 지경이며, 어떤 식으로 구성되었는가를 말하기도 곤란하다. 부분적인 이해가 없는 것은 아니지만, 아직 아무도 이 책이 전체적으로 무엇을 말하려고 하는지를 분명하게 말하지 못한다.

나는 대학원 시절부터 지금까지 무려 50년간이나 이 책을 읽고 또 읽었으나 아직도 이해하지 못하는 말들이 많이 남아 있다. 그 난해성 때문에 때로 분노나 눈물이 나기도 했다. 심지어 이 책에 나도 모르게 빠져들어갔던 것이 원망스럽기도 했다. 너무나 많은 시간을 빼앗겼기 때문이다. 내가 너무 부족하기에 헤겔의 말을 이해하지 못하는 것인가, 아니면 27세 청년기 헤겔의 아직 다듬어지지 못한 사유 때문에 나타나는 혼란에 불과한 것인가를 가지고 고민에 빠지기도 했다. 그런데도 이 책이 지닌 신비한 매혹 때문에 아직도 버리지 못하고 붙들고 있으니, 대체 이 매혹이 어디서 나오는 것일까? 오랜 연구 끝에야 도달한 결론이었지만, 이 책이 나를 매혹했던 것은 내가 어릴 때부터 가져왔던 근본적인 의문인 자유의 문제가 다루어지고 있었기 때문이었다. 나도 모르게 무의식적으로 그런 것을 느꼈던 모양이다.

독일의 근대화 초기에 살았던 헤겔에게서 자유는 그의 시대를 끌고 가는 지도 이념이었다. 그에게서 역사는 자유의 역사이며, 국가는 자유의지의 산물이다. 헤겔이야말로 사르트르 이상으로 자유의 철학자라 할 수 있는데, 그렇다면 그 이전에 먼저 자유가 무엇인지 밝혀야 하지 않았을까? 어느 날 나는 무릎을 치면서, 청년기 저서인 『정신현상학』이 바로 그 목적으로 쓰인 것이라는 사실을 깨달았다. 그 순간 모든 것이 다 이해된다는 느낌을 가졌다.

이 주장은 헤겔 자신과 상충하는 것처럼 보인다. 헤겔 자신은 『정신현상학』을 학문으로 들어가기 위한 예비학으로 규정했다. 이는 칸트가 형이상학에 이르기 위한 예비학으로서 이론적 이성에 대한 비판을 작성한 것과 같다. 그렇다면 『정신현상학』은 일종의 인식 비판이며, 헤겔이 그런 비판 과정을 역사적으로 서술한 것이라 할 수 있겠다. 하지만 그렇게만 보기에 어려운 측면이 있다. 왜냐하면 『정신현상학』은 이론적 인식만 다루는 것이 아니라, 실천적 의지 특히 자유의지에 관련한 개념을 그 이상으로 많이 다루기 때문이다.

그 때문에 나는 오히려 거꾸로 생각해볼 필요가 있다고 보았다. 즉 『정신현상학』의 본래 목적은 실천적 의지 곧 자유의지를 다루는 것이며, 인식론적 부분은 자유의지가 추구하는 목적에 관한 인식(가치론이나 윤리학)과 관련된 부분이라고 보아야 한다는 것이다. 그렇게 본다면 『정신현상학』은 자유의지의 철학이 된다.

나는 이 글에서 헤겔이 『정신현상학』에서 제시한 자유의지의 개념을 밝혀보려 한다. 헤겔에게서 자유의지는 역사적으로 형성되는 것이다. 즉 머릿속에서 판단해 출현하는 것이 아니라 역사에서 생사를 다투는 투쟁을 통해 형성된다는 것이다. 따라서 헤겔의 자유의지 개념을 이해하기 위해서는 자유의지의 역사적 발전 과정을 충실하게 따라가야 한다.

이 책의 난해함에 비추어본다면 이 작업은 결코 쉬운 일이 아니다. 더구나 이 문제를 충분하게 논하기에는 분량상 제약이 많다. 하지만 가능한 한 충실하게 헤겔의 자유의지의 역사적 발전 과정을 소개해보려 한다.

끝으로 이런 실험적인 글을 기꺼이 출판해준 출판사와 헤겔만큼이나 난삽한 글을 정리해준 편집자에게 감사한 마음을 전한다.

2022년 12월

이병창

차례

일러두기

이 책에서 인용한 헤겔의 『정신현상학』의 원전 번역은 Hegel, *Phänomenologie des Geistes*, GW 9, hrsg v. Wolfgang Bonspien & Reinhard Heede, Felix Meiner Verlag, 1980에서 저자가 직접 번역했다.

1장

자유의지의 철학자, 헤겔

자유의지의 문제

철학은 오랫동안 이론 문제에만 너무 집착했다. 세계의 근거는 무엇이고 그것을 어떻게 인식하는가 하는 형이상학적, 인식론적 물음이 철학을 지배했다. 설혹 윤리학에서 규범의 문제가 제기되더라도 이 역시 이론적으로 다루어졌을 뿐이다. 어떤 규범을 발견하더라도, 규범을 실천하는 의지는 또 다른 문제인데도, 철학은 이런 의지의 문제를 거의 다루지 않았다.

실천적 의지 가운데 가장 중요한 문제는 자유의지이다. 의지는 자유로워야 한다. 아무리 좋은 것이라도 나 자신의 결정에 의한 것이 아니라면 거기서 나는 자신의 의지가 억압받는다는 느낌을 받는다.

여기서 실천적으로 제기되는 또 하나의 문제가 있다. 즉 자기에게 주어지는 것이 과연 그 자신에게 합당한 것인가 하는 것이다. 철학에서는 이것을 흔히 정의의 문제라고 한다. 정의가 실현되지 않은 사회는 갈등과 고통이 심하다.

정의의 문제는 자유의 문제로 환원할 수 있다. 생각해보라. 내가 원하는 것을 실현하지 못할 때 나는 자유롭지 못한 것이 아닌가? 이때 내가 원하는 것이 내 뜻대로 정한 것이라면 이 때문에 내가 억울하다는 느낌을 받지는 않을 것이다. 반대로 내가 원한 것이 나에게 주어져야 마땅한데도 원하는 것을 얻지 못한다면 나는 분노하면서 나 자신이 자유롭지 못하다고 생각할 것이다. 정의롭지 않은 사회에서는 자유가 없다.

앞에서 나의 결정이라는 문제를 형식적인 차원에서 자유의지의 문제라고 한다면, 정의의 문제는 실질적인 자유의지의 문제라고 할 수 있다. 실천적 삶에서 중요하게 여기는 것이 자기결정과 정의라고 본다면 이 두 가지는 모두 자유의지로 귀결된다.

자유의지를 단순히 규범적 차원에서 다룬다면 그것은 윤리학의 범위에 들어간다. 예를 들어, 모든 것을 자기가 결정하는

헤겔의 초상(야코브 슐레징어 그림)과 『정신현상학』의 초판본 표지(1807).

자유의 체계가 현명한 지도자(철인왕)의 지시에 따르는 훈육의 체계보다 더 나은가? 다수의 행복을 위한 것이라면 소수는 희생해도 마땅한가? 이 질문들은 이론적 문제, 가치의 문제이다.

그러나 인간의 자유로운 선택 능력은 어떻게 출현할까? 또는 내가 나의 탐욕을 배제하고 오히려 자발적으로 정의로운 것을 선택하는 도덕적 능력은 어떻게 가능할까? 이런 문제를

베를린대학 입구 계단에는 이렇게 쓰여 있다. "철학은 다만 여러 가지로 세계를 해석해왔다. 그러나 중요한 것은 세계를 변화하는 것이다." 이 말은 마르크스의 말이지만, 헤겔의 철학을 가장 잘 표현한다.

다룬다면 그것은 실천적인 의지의 문제이다. 철학은 이제 이 의미에서 실천적 의지의 문제를 다룰 필요가 있다.

헤겔과 『정신현상학』

헤겔은 누구인가

헤겔은 1770년 8월 27일 독일 남부 슈투트가르트에서 태어났다. 그의 아버지 게오르크 루트비히 헤겔은 뷔템베르크 공국의 궁정에서 세금 업무를 담당했고, 어머니 마리아 막달레나는 뷔템베르크 궁정 재판관의 딸이었다. 어머니는 헤겔이 13세 때 질병으로 사망했는데, 헤겔과 그의 아버지도 같은 병을 앓았으나 간신히 살아났다.

헤겔은 독일 남부 도시 슈투트가르트에서 1770년 태어났다.
그가 태어난 곳은 오늘날 헤겔 박물관이 되었다.

1776년 슈투트가르트의 에버하르트 루트비히 김나지움에 다녔을 때, 그는 그리스로마의 고전과 더불어 클로프슈토크를 비롯한 독일 계몽주의 작가의 글을 많이 읽었다. 그의 졸업 연설은 「터키에서 예술과 학문의 파산」이라는 글이다.

1788년, 18세의 헤겔은 튀빙겐대학에 들어가 기숙사에서 살았다. 그는 셸링(Friedrich Wilhelm Joseph von Schelling, 1775~1854)과 횔덜린(Friedrich Hölderlin, 1770~1843)과 같은 방을 사용했다고

헤겔은 튀빙겐 신학대학교를 다녔다. 헤겔은 이 대학 바로 왼쪽에 있는 기숙사에 살았다.

알려진다. 세 사람은 학교의 엄격한 환경에 반발하면서 아주 가까운 친구가 되어 서로 영향을 미쳤다. 그들은 헬레니즘 문명을 선망했고, 헤겔은 특히 루소와 레싱을 깊이 연구했다.

1789년 프랑스 혁명이 일어나자 그들은 기숙사 앞에 자유의 나무를 심었다고 하며, 매년 7월 4일 바스티유 봉기를 기념하여 건배했다. 1793년 프랑스 혁명이 공포정치로 변질하자, 그들은 절망감을 느꼈다. 헤겔은 그 이후 지롱드파의 온건한 혁명에 공감했다.

헤겔은 셸링과 횔덜린과 더불어 칸트 철학을 연구했다. 그리고 당시 문필가가 되고 싶어 했는데, 난해한 철학을 광범위한 대중에게 전달하는 역할을 맡으려 했다.

대학 졸업 후 헤겔은 1796년까지 베른에서 가정교사로 일했다. 이 시기 『예수의 생애』를 저술했으며, 『기독교 종교의 실증성』이라는 수고를 작성했다. 이듬해에 횔덜린의 추천으로 프랑크푸르트 와인 상인의 집에서 가정교사가 되었는데, 여기서 헤겔은 횔덜린에게서 많은 사상적 영향을 받았다. 이 시기 그가 작성한 『종교와 사랑에 관한 단편』(1797)과 『기독교의 정신과 그 운명』(1799)이 수고로 남아 있다.

1801년 헤겔은 셸링의 추천으로 예나대학교 사강사(Privat Dozent)가 되었다. 취임 논문은 「혹성 궤도에 관해서」이다. 그해 말 헤겔은 「피히테와 셸링의 철학 체계의 차이」라는 글을 완성했다. 1802년 셸링과 헤겔은 공동으로 《철학에 대한 비판 잡지》를 창간했고, 이는 1803년 셸링이 뷔르츠부르크로 이주하기까지 계속되었다.

1805년 그는 예나대학에 비정규 교수로 임명되었지만, 전쟁으로 인해 수강생이 없어서 강의는 이루어지지 않았다. 이 시기 그는 셸링의 동일성 철학을 비판하면서 그의 독자적인

헤겔은 예나대학에서 나온 다음 《밤베르크》 신문의 편집자가 되었다.

철학 체계를 구상했고, 1806년 그것을 위한 예비학으로서 『정신현상학』을 작성하기 시작했다. 그는 나폴레옹의 예나 전투가 벌어진 10월 14일에도 『정신현상학』을 쓰고 있었다. 그가 친구인 니트함머(Friedrich Immanuel Niethammer, 1766~1848)에게 쓴 편지에 따르면, 헤겔은 길거리에서 나폴레옹이 도시를 순찰하는 것을 보았다고 한다. 헤겔은 이 편지에서 그를 만난 감격에 대해 표현했다.

1807년 그는 밤베르크로 이주해 니트함머의 추천으로 《밤베르크》 신문의 편집자가 되었다. 이 신문은 친프랑스적이었으며 나폴레옹을 찬양했다. 헤겔은 《밤베르크》 신문을 검열하려 하는 시 당국과 충돌했는데 시 당국을 낡은 봉건적 요소라며 비판했다. 1808년 9월 바이에른 왕국이 이 신문이 안전법을 위반했다면서 조사한 이후 바이에른 왕국의 고위 관료가 된 니트함머에게 교사직을 구해달라고 간청했다. 그는 니트함머의 추천으로 1808년 11월 뉘른베르크의 김나지움 교장이 되었다.

1811년 헤겔은 22살 어린 마리 폰 투허(Marie von Tucher, 1791~1855)와 결혼했고 두 아들을 얻었다. 1812~1813년 그는 『논리학』을 발표했다.

헤겔은 에어랑엔대학, 베를린대학, 하이델베르크대학으로부터 교수직 제안을 받았으나 하이델베르크대학을 택해 1816년 이주했다. 그는 강의를 위해 『철학강요』를 저술했고, 1818년 처음으로 예술철학을 강의했다.

그후 베를린대학에서 피히테(Johann Gottlieb Fichte, 1762~1814) 사후 비어 있는 철학 교수 자리를 제안받고 승낙하면서 1818년 베를린으로 이주했다. 당시 베를린에서는 나폴레옹이 축출된 이후(1814~1815) 프러시아의 반동화가 진행되고 있었다. 나폴레옹 점령 시대 프러시아 개혁을 주도했고 이후에는 점차 고립되기 시작했으나 아직 문교부 장관이었던 알텐슈타인 남작

1816년 헤겔은 하이델베르크대학 교수가 되었다.
이 시기 그가 머물던 집은 지금은 허물어졌고 작은 명판만 남아 있다.

이 헤겔을 초청했다. 슐라이어마허와 같은 보수적 낭만주의자는 그의 부임을 방해했으나 헤겔은 알텐슈타인 남작의 도움으로 베를린대학에 부임할 수 있었다. 베를린대학에서 그는 프러시아 반동 정책에 반대하며 프러시아 개혁주의를 지지했다.

헤겔은 급진적 학생운동과 보수적 낭만주의 사상을 동시에 비판하면서 프러시아 개혁을 옹호했다. 1819년 3월 23일 급진주의자 시인 잔트가 보수주의자 코제부를 러시아 스파이로 몰

베를린대학의 정면, 이 대학을 창건한 훔볼트의 동상이 서 있다.
헤겔은 이 대학에서 1818년부터 1831년 죽기까지 강의했으며 많은 제자를 길렀다.

아 처단하는 사건이 발생했다. 이 사건을 둘러싸고 낭만주의자는 잔트를 옹호했는데 헤겔은 그런 잔트를 비판했다. 그런 논쟁의 산물이 1821년 발표된 『법철학(*Rechtsphilosophie*)』이다.

헤겔은 베를린대학에서 예술과 종교, 역사, 철학사에 대해 강의했다. 이 강의록은 사후 1930년대 헤겔 전집이 만들어지면서 발간되었다. 마지막 10년 동안 그는 새 책을 발간하지 않았으나 기왕의 『철학강요』를 두 번에 걸쳐(1827, 1830) 개정했다.

1831년 8월 콜레라가 베를린을 덮치자 헤겔은 이를 피해 크로이츠베르크로 피난을 떠났으나 새 학기가 되자 콜레라가 물러난 것으로 판단하고 강의를 위해 그해 10월 베를린으로 돌아왔다. 그러나 11월 14일 끝내 콜레라에 걸려 사망했다. 그는 도로텐슈타트 묘지에서 피히테와 졸거(그가 존중한 낭만주의 문학자) 옆에 묻혔다.

『정신현상학』의 출현

실존의 철학자 하이데거(Martin Heidegger, 1889~1976)는 실천적 의지의 문제를 다룬 철학자로 알려져 있다. 그런데 헤겔은 하이데거보다 먼저 이 문제를 고민했으니, 그것은 그의 대표저서 『정신현상학』을 읽어보면 잘 알 수 있다. 이 책의 핵심 주제는 곧 자유의지에 있다고 할 수 있다.

『정신현상학』은 헤겔이 1807년, 그의 나이 27세에 저술한 책이다. 당시 헤겔은 독일 중부의 대학 도시 예나에서 사강사를 하고 있었다. 예나대학은 괴테가 재상으로 있던 바이마르 공국의 수도 바이마르 바로 옆에 있다. 괴테는 이곳에 대학을 설립하고, 당시 새로운 사상가, 예술가, 문학자를 초대했다. 괴

괴테의 학창 시절 같은 기숙사에서 지내며 절친했던 횔덜린과 셸링.

테의 육성 덕분에 이곳은 독일 낭만주의 사상과 운동의 요람이 되었다.

헤겔은 1801년경 이곳에 도착했다. 그를 초청했던 사람은 낭만주의 철학자 셸링이었다. 헤겔은 셸링과 튀빙겐 신학대학 동창이며, 횔덜린, 셸링, 헤겔은 학창 시절 소위 트로이카였다. 셸링은 헤겔보다 어리지만 일찍 독창적인 자연철학을 전개했고, 헤겔은 그의 낭만주의적인 자연철학에 영향을 받았다.

그러나 예나의 낭만주의 서클이 해체된 1803년경부터 헤겔은 셸링의 낭만주의 철학의 한계를 깨닫고 이를 벗어나 독창적으로 사유하기 시작했다. 헤겔이 택한 새로운 지평이 처음으로 펼쳐진 것이 『정신현상학』이라는 저서이다.

독일 낭만주의와 『정신현상학』

이 시기 헤겔의 평생에 걸친 철학적 문제의식이 등장하는데, 그것은 곧 낭만주의 비판이다. 헤겔은 『정신현상학』에서도 낭만주의 철학과 더불어 낭만주의가 제시한 양심 개념을 비판적으로 검토한다.

헤겔이 낭만주의 비판에 나선 것은 그 시대 독일의 역사와 밀접하게 연관되어 있다. 독일은 1648년 베스트팔렌 조약으로 30년간에 걸친 종교 전쟁을 끝냈다. 이 종교 전쟁은 신교와 구교 간의 전쟁이었지만 유럽의 모든 국가가 참여한 세계 전쟁이었다. 전쟁 결과, 독일은 수십 개의 작은 국가로 분열했다. 1517년 루터의 종교 개혁에서 보듯이, 독일은 유럽에서도 선진 국가였으나 베스트팔렌 조약 이후 근대 사회로의 발전이 중단되고 오히려 봉건 체제로 거슬러올라가게 되었다.

19세기 초 영국과 프랑스는 경제적으로 자본주의가 발전하고, 정치적으로 민족 통일국가와 민주주의가 확립되며, 사회적으로도 종교의 자유가 허용되었다. 반면 독일은 분열 속에서 여전히 중세의 봉건적 반동과 민족적 분열, 종교적 압박에 시달리고 있었다.

여기서 독일의 발전을 위한 새로운 길, 다시 말해 독일을 통일하고 개혁할 새로운 정신이 필요했다. 1789년 프랑스 혁명이 일어나자, 독일에서도 자유의 바람이 불어닥쳤다. 지식인을 중심으로 자본주의적 발전, 민족 통일과 민주주의의 도입, 종교적 해방을 향한 외침이 곳곳에서 터져나왔다. 이런 시기에 칸트(Immanuel Kant, 1724~1804)가 비판철학을 제시하자 그의 철학은 독일에서 혁명의 철학으로 전파되기 시작했고, 근대 사회를 향한 독일의 움직임을 가속화하는 계기가 되었다. 칸트 철학을 계승한 피히테는 이런 자유의 전도사가 되었다.

피히테의 자아 철학은 자아의 힘을 바탕으로 새로운 세계를 건설하려는 것이었다. 과거 독일 대학은 중세 영주의 지배 아래 있었는데, 피히테는 독일 민족 전체를 학문적으로 지도하는 기관으로서 베를린대학을 창립했다. 1807년 나폴레옹이 독일을 침략하자, 피히테는 「독일인에 고함」이라는 글을 발표하여 민족적 저항을 불러일으켰다.

피히테의 자아 철학은 독일 낭만주의를 고취했다. 낭만주의는 개인의 자아 속에서 무한한 힘을 발견했고, 자아의 힘을 통해 독일 혁명을 끌어내려 했다. 낭만주의는 독일 학생운동을 출발시켰고 나폴레옹의 침략 전쟁에 저항하는 해방운동에 앞장섰다. 낭만주의자는 나폴레옹 전쟁 이후에는 바르트부르크 축제를 개최하는 등, 독일의 통일과 민주화를 위한 운동을 전개했다.

그러나 독일은 남부 라인 지방을 제외하고는 아직 자본주의적 발전이 일어나지 않았고 역사를 발전시킬 원동력인 부르주아가 없었다. 역사는 자아의 힘만으로 충분하지 못하며 객관적인 실체의 힘이 필요했다. 주관적 자아의 무한한 힘에 의존한 낭만주의자들은 좌절하면서 반나폴레옹 해방운동을 계기로 점차 보수화했다. 마침내 낭만주의는 프리드리히 슐레겔(Karl Wilhelm Friedrich von Schlegel, 1772~1829)에서 보듯이 오스트리아의 메테르니히(Klemens von Metternich, 1773~1859) 체제를 옹호하는 수단으로 전락했다.

헤겔은 1789년 프랑스 혁명이 일어나자 횔덜린과 셸링과 함께 기숙사 앞뜰에 자유의 나무를 심었다. 헤겔은 프랑스 혁명이 공포정치로 전락하자 실망했지만 프랑스 혁명의 자유 정신을 잊지 않았다. 그는 독일의 현실 곳곳에서 봉건성과 분열을 확인했다. 그는 칸트와 낭만주의자의 자아 철학의 실패를 딛고 일어서서 프랑스 혁명의 자유의 정신을 독일에서 실현하기 위한 새로운 길을 모색해야 했다.

새로운 정신은 자아의 힘과 실체의 객관적 힘을 결합, 통일해야 한다. 새로운 공동체는 억압적인 체제가 아니라 개인의 자아를 인정하는 자유의 체제여야 했다. 그러면서도 고립적인 개인으로 분산된 사회가 아니라 개인의 상호작용을 통해 형성되는 공동체여야 했다. 이런 공동체를 형성하기 위해 개인이 자발적으로 공동체에 복종하는 자유의지가 있어야 했다. 헤겔의 길은 곧 공동체적 자유의지라는 정신에 있다.

헤겔은 칸트의 자유의지 개념과 낭만주의자의 양심 개념은 형식적 자유의지를 넘어서 실질적인 자유의지에 도달했지만, 여전히 한계가 있었다고 생각했다. 칸트와 낭만주의자에서 자유의지는 여전히 개인 차원에 머무름으로써 공동체를 형성하는 자유의지에 도달하지는 못했다. 헤겔은 마침내 절대정신이라는 개념에서 이런 공동체적 자유의지가 완성된다고 보았다. 헤겔은 형식적 자유의지가 실질적인 자유의지를 거쳐 절대정신으로 발전하는 과정을 『정신현상학』이라는 책에서 제시하려 했다.

헤겔의 이런 고민은 『정신현상학』의 마지막 부분인 '자기를 확신하는 정신'이 도덕적 세계관(칸트의 순수의지를 다룬다)과 양심(셸링의 낭만주의를 다룬다)으로 이루어지는 것을 보면 알 수 있다. 헤겔은 이 다음에 종교와 절대지를 배치했다. 양자는 함께 절대정신을 이룬다. 헤겔이 '자기를 확신하는 정신'에서 다룬 것은 실질적 자유의지의 개념이었다. 헤겔은 이어서 절대정신을 다루면서 자신이 추구하는 자유의지 즉 공동체적 자유의지를 제시했다.

이런 『정신현상학』의 전체 구성을 본다면 헤겔이 추구했던 핵심이 곧 자유의지이고 헤겔이 도달하려 했던 최종 목적은 곧 공동체적 자유의지였다는 것을 알 수 있다.

『정신현상학』은 형식적 자유의지에서 실질적 자유의지를 거쳐 공동체적 자유의지에 이르는 거대한 역사적 드라마이다. 그러나 이 책은 자유의지만을 다루지는 않는다. 자유의지라는 실천적 문제가 제기되기 위해서는 그에 앞서 무엇이 자유이고 어떤 것이 정의이며 무엇이 공동체인가 하는 이론적 문제가 전제되어야 한다. 헤겔은 이런 이론적 문제와 실천적 문제를 『정신현상학』에서 포괄적으로 제기하고 있다. 일단 처음 보기에 이 책은 포괄적인 사상사라는 형태를 취하고 있으나, 헤겔이 초점을 맞추고 있는 것은 전체적으로 자유의지라는 실천적 문제이다.

실천적 의지를 다루는 철학적 개념

실천적 의지를 철학적으로 다루기는 쉽지 않다. 실천적 의지라면 여기에는 흔히 자유의지만이 아니라 감정의 영역과 심지어 종교의 영역까지 포함되어 있다. 헤겔은 인간의 의지를 감정과 종교까지 포함해 포괄적으로 다루는데, 이런 의지의 발전 과정을 다루기 위해 그는 독특한 개념 장치를 끌어온다.

이 개념 장치는 대상에 관한 의식과 자기의식이라는 대립된 개념이다. 이 개념은 원래 인식론에서 나온다. 대상은 인식이 출발하는 지점으로, 헤겔은 이것을 그 자체 존재(An Sich)라 한다. 여기서 인식이 출발하면서 대상에 관한 의식이 나오고 마지막에 자기의식에 도달한다. 자기의식은 의식을 대상으로 하는 의식 즉 이차적 차원에서의 의식이다. 여기서 의식의 대상이 곧 의식 자신이니, 이 자기의식은 자기 관계적인 것, 대자(對自)적인 것(Für Sich)으로 규정된다.

헤겔은 의식과 자기의식이라는 개념을 실천적 의지의 영역에도 적용한다. 헤겔은 의지도 마치 인식처럼 의식의 단계와 자기의식의 단계로 구분된다고 본다.

의지는 출발점에서는 맹목적 힘 즉 본능이나 충동이다. 이 힘은 아직 자신을 자각하지 못하고 그 자신이 마치 대상인 것처럼 존재한다. 이 힘은 환상의 형태로 표현된다. 종교는 이런 환상적 형식으로 나타난 의지이다.

다음 단계에서 의지는 욕망 또는 감정의 형태로 등장한다. 이런 욕망은 대상을 통해 촉발되는 것으로 나타나니, 대상에 관한 의식과 닮았다. 여기서 의지는 대상을 부정하려 하며, 대상은 이에 저항한다.

마지막으로 의지는 자기를 대상 속에서 실현하면서 대상 속에서 자기 자신을 발견한다. 이것이 곧 자기의식적인 의지이며, 헤겔은 자유의지를 이런 자기의식적인 것으로 간주한다. 마치 인식에서 자기의식이 관념이라는 방식으로 자각되듯이, 헤겔은 자기의식적인 의지 역시 어떤 관념을 동반하는데, 그 관념이 곧 자유라는 관념이라고 한다. 즉 자유는 힘이나 감정이 아니라 어떤 관념이라는 것이다. 헤겔은 이 경우 자주 '사유'라는 표현을 쓰기도 한다.

『정신현상학』에서 의지 개념이 어떻게 다루어지는지를 이해하면 이 책이 대체로 어떻게 구성되어 있는가를 알 수 있다. 『정신현상학』에서 「서문」과 「서론」을 빼면, 감각적 확신, 지각, 지성 장은 인식의 차원을 다룬다. 여기서 다루어지는 것은 대상에 대한 의식에 속하는 것이다. 그 끝에 생명 개념이 출현한다. 이어지는 자기의식 장은 자기의식 사이의 관계를 다루면서

의지의 차원으로 넘어간다. 이 부분은 자기를 결정하는 의지, 즉 형식적 자유의지가 등장하는 역사적 과정이다. 이어서 이성 장은 다시 인식을 다루면서 자연과 사회 속에서 이성적인 것을 찾으려 한다. 그 끝에 이르러 사회 속에서 이성적인 것이 출현하는데, 이것이 곧 법이다. 여기서 사회적 규범 즉 정의가 인식된다. 그다음 정신 장은 다시 실천적 의지를 다룬다. 정신 장에서는 앞에서 출현한 법, 정의를 개인이 자신의 의지로 받아들이는 과정이 다루어진다. 이 부분은 실질적인 자유의지가 출현하는 과정이다. 이 과정 끝에서 헤겔은 종교와 절대지로 이행한다. 양자는 절대정신의 두 가지 모습이다. 이 절대정신은 헤겔의 목표였던 공동체적 자유의지를 다룬다.

이상의 내용을 정리해볼 때 『정신현상학』의 구조는 지그재그식으로 이루어져 있음을 알 수 있다. 여기서 이론적 인식을 다루는 부분과 실천적 의지를 다루는 부분이 교차하고 있다. 그러면서도 전체적으로는 발전적이다. 즉 자기의식 장까지는 개별적인 인식과 의지가 다루어진다. 이성 장에서 정신 장까지는 일반적인 인식과 일반적인 자유의지가 다루어진다. 마지막 절대정신은 공동체적 자유의지가 다루어진다.

『정신현상학』은 어떤 철학적 문제를 다루는가

이런 정신의 발전 과정을 보면 어떤 의문에 부딪히게 된다. 사상이나 실천적 의지가 발전하는 기본 원리는 무엇인가? 사상사는 어떻게 발전하는 것인가?

사상사를 파악하는 데에는 일찍부터 두 가지 관점이 대립해 왔다. 하나의 관점은, 사상사의 발전은 탁월한 사상가의 업적이라는 것이다. 예를 들면 플라톤(Platōn, 기원전 428/427~348/347)이라든가 데카르트(René Descartes, 1596~1650) 등과 같은 철학자가 등장하며, 이들은 기존의 사상이 가지는 논리적 한계를 파헤치고 그것을 넘어서는 새로운 사상을 제시하면서 사상의 발전이 일어난다. 그들의 업적은 기본적으로 그들의 사유가 논리적으로 더 예리하고 더 포괄적이었다는 데서 나온다.

이에 반대되는 관점도 있다. 사상사의 발전은 사상가의 탁월함보다는 오히려 역사적 변화에 따라 일어난다는 것이다. 마르크스주의는 이런 관점을 대표하는데, 사상의 변화를 결정하는 것은 궁극적으로 사회경제적 토대라고 한다.

마르크스(Karl Marx, 1818~1883)에 따르면, 사회적 생산 관계가 변화함으로써 이와 같은 생산 관계를 옹호하거나 비판하면서 여러 가지 사상이 나온다. 예를 들면 근대 자본주의에서 자연법이 등장한다. 자연법은 소유가 노동(및 교환)에 기초해야 한다고 보는데, 이런 사상은 자본주의의 생산과 교환 관계를 옹호하려는 데서 나올 수 있었다.

사상사의 흐름에 대한 위의 두 가지 설명은 서로 대립하면서, 하나는 위에서부터 사유를 설명하며 다른 하나는 밑에서부터 현실을 설명한다. 그러나 두 가지는 다 단편적이라는 한계를 가질 수밖에 없다. 양자를 종합적으로 보는 포괄적인 관점이 필요한데, 헤겔은 『정신현상학』에서 두 가지 관점을 종합해 사상사를 파악했다.

이 방식은 헤겔이 서론에서 밝힌 것인데, 그의 방식은 사상

· Concept Word ·

자연법 사상

'자연법' 사상은 로크, 루소 등 사회계약론자들을 중심으로 성립되었다. 이들은 인간의 본성에서 사회의 제도를 합리적으로 끌어내려 했다. 대체로 이들은 로마 자연법을 토대로 삼았으며 이후에 등장하는 역사법 사상과 대립한다. 역사법 사상은 법을 전통에서 끌어내기 위해 중세 게르만법을 기초로 삼았다.

의 논리적 발전만도 아니고 사상의 역사적 흐름만도 아니다. 그의 방식은 간단히 말하자면 어떤 사상이 역사 속에서 실천되면서 자기모순에 이르게 되고 이런 모순을 통해 더 높은 사상으로 발전한다는 것이다. 이것이 변증법적 발전이라는 개념이다.

구체적인 예로서 『정신현상학』이 초점을 두고 있는 자유의지의 문제 가운데 특히 형식적 자유의지가 처음으로 어떻게 자각되는가를 보기로 하자. 헤겔은 그리스로마 시대 노예들 가운데서 이런 자유의 의식이 출현하는 것으로 본다. 이 부분은 뒤에 본론에서 상세하게 서술하겠지만 대략을 소개하자면 다음과 같다. 처음에 인간은 각자 자기의 욕망을 실현하기 위해 목숨을 걸고 투쟁한다. 이것이 생사의 투쟁이다. 투쟁 가운데서 패배하는 자는 자신의 목숨을 구하기 위해 승자의 노예가 된다. 이를 통해 주인과 노예라는 관계가 성립한다. 주인은 자

베를린대학 시절, 헤겔의 강연.

연에 대해 노동하는 일을 노예에 맡기고 그 자신은 향락에 빠진다. 주인의 향락은 자기를 대상화하지 못하니 주인의 자기의식은 가능성에 머무를 뿐이다. 반면 노예는 노동을 통해 자신을 자기 앞의 대상적 산물로 형성한다. 자기가 자기의 대상이 되면서 여기서 자기의식 즉 자신이 자유롭다는 자각이 싹트게 된다.

노예가 노동의 산물을 스스로 소비한다면 주인과 마찬가지로 향락에 빠지는 것이니 이를 통해 자유의 의식은 나올 수 없다. 노예는 주인의 지배 아래서 언제라도 죽을 수 있다는 공포를 경험하면서 자신의 산물을 자신이 향락하지 못하고 자신을 억제해 대상을 자신 앞에 대상적 산물로 보존하면서 이런 자유 의식에 이른다.

헤겔의 설명을 들어보면, 사상사의 발전을 전개하는 헤겔의 고유한 방식을 알 수 있다. 이 과정을 통해 욕망에서 자유의 의식으로 사상의 발전이 일어나고 있다. 이런 사상의 발전을 매개하는 것은 곧 노예 관계라는 역사적 현실이다. 노예 관계는 욕망에서 나온 결과이면서 동시에 욕망 관계를 부정하는 매개가 된다. 즉 사상사의 발전에는 사유와 역사가 동시에 작용한다는 것이다.

자유의지의 문제

자유의지는 철학이 일찍부터 제기해왔던 문제다. 이때 문제는 주로 자유의지가 가능한가였다. 기존의 철학에서는 주로 자유의지의 존재를 논증하려 했다. 헤겔은 자유의지의 존재를 논증하기보다는 오히려 그 존재가 역사적으로 발전했다고 설명한다. 왜 그는 이런 역사적 설명 방식을 택했을까? 여기에는 이유가 있다. 잠시 자유의지를 둘러싼 철학적 논쟁을 살펴보자.

자유의지의 역설

인간이 자신의 욕망을 충족할 때, 어떻게 생각하면 이런 욕망 충족은 곧 자유라고 할 수 있다. 중세 시대 인간은 욕망을 억제당했다. 도덕과 관습, 종교는 인간의 욕망을 사악한 것으로 간주했기 때문이다. 그런 억제는 외적인 강제이며 이 외적 강제에서 벗어나는 것이 자유로 간주되었다. 욕망은 자연적이고 인간 자신에 내적인 것이므로 욕망을 추구하는 것은 자유라는 것이다. 근대 세계를 자유로운 세계라고 할 때 이 자유의 개념은 주로 외적 강제가 없다는 의미에서 사용되었다.

그러나 과연 외적 강제의 결여가 자유일까? 다시 욕망을 생각해보자. 욕망은 자유로운 것일까? 욕망은 비록 외적 강제는 아니지만, 내적인 힘을 통해 인과적으로 결정된다고 볼 수 있지 않을까? 기계에 자유의지를 인정하지 않는다면, 욕망에 지배당한다는 것을 자유로 볼 수 없지 않을까? 욕망은 여전히 노예적 상태에 지나지 않을 것이다. 흔히 욕망의 노예라는 말도 쓰지 않는가?

그렇다면 진정한 의미에서 자유란 무엇인가? 욕망이 자유라는 것을 부정하는 견해는 자유의지란 어떤 원인도 없이 일어나는, 자연 발생적 의지라고 자주 말한다. 그것은 아이처럼 시시때때로 불쑥불쑥 무언가 하고자 할 때와 같은 상태라는 것이다. 이런 자유의지는 흔히 절대적 자유의지라 한다. 어떤 원인을 통해서도 결정되지 않는 상태이기에 절대적이라 불린다. 이런 절대적 자유의지 개념을 주장하는 대표적인 철학자가 사르트르(Jean-Paul Sartre, 1905~1980)이다.

이런 절대적 자유의지가 존재하는가? 소위 뷔리당의 당나귀라는 우화가 있다. 당나귀가 두 개의 먹이 사이에서 동일한 유혹을 느끼기에 어느 것도 선택하지 못하고 결국 굶어 죽는다는 우화다. 인간의 경우에는 두 개의 음식에 공평하게 유혹돼도 어떤 것을 절대적으로 선택할 힘이 있으니, 그 때문에 굶어 죽지는 않을 것이다. 이 우화는 절대적 자유의지를 옹호하는 데 사용된다.

그러나 근대 과학은 자연을 인과적 체계로 간주한다. 자연의 인과적 체계를 인간도 벗어날 수 없다는 점에서 본다면, 이런 절대적으로 선택할 자유의지는 존재할 수 없는 가정이 아닐 수 없다.

지금까지 이야기한 것이 바로 유명한 자유의지의 딜레마이다. 나의 의지는 욕망처럼 이미 인과적으로 결정되어 있다고 보는 결정론(이 경우 내적으로 결정되면 자유가 될 것이다)과 인과 체계를 벗어나는 절대적 자유의지가 존재한다는 두 견해가 대립한다.

목적인

목적인은 고대 자연철학이 자연을 설명할 때 사용되었다. 자연의 운동은 곧 자연에 내재하는 목적이 자기를 실현하는 과정이라는 것이다. 근대 과학은 인과적 체계이다. 인과적 관계에서 원인은 기계적 원인이다. 근대 과학에서는 이런 목적인을 인정하지 않는다. 하지만 목적인은 인과관계로 재해석될 수 있다. 즉 인과관계가 단순한 것에서 복잡한 것으로 그리고 마침내 상호작용적인 관계로 발전하면, 여기서 목적인 개념을 사용할 수 있다는 것이다. 예를 들어 냉장고의 온도가 일정한 온도를 유지할 때, 이 과정은 인과적으로는 상호작용적인 관계이지만, 이 경우 냉장고는 온도 유지를 목적으로 한다고 설명할 수도 있다. 인간의 행위는 너무 복잡한 인과관계라서 여기서 차라리 목적인을 통해 설명하는 것이 더 적절할 수 있다.

합리적 자유의지

이 두 개의 딜레마 사이를 빠져나가는 길은 없을까? 이는 곧 인과성을 인정하면서도 자유를 허용하는 길이다. 이 길은 목적인 개념을 끌어들임으로써 해결된다. 어떤 목적이 자신을 실현할 수 있을 때 그 수단으로서 일어나는 행위는 비록 선택할 수 없이 강제된 것이라 해도, 자유롭다는 것이다. 이런 자유를 흔히 합리적 자유라고 한다.

이때 강제된다는 의미는 기계처럼 인과적으로 강제된다는 의미가 아니다. 여기서는 수단이 목적을 통해 결정된다는 의미에서 강제이다. 목적을 가장 적절하게 실현할 수 있는 수단을 합목적적인 수단이라 한다. 이 관계에서 가장 합목적성을 지니는 것은 강제된다고 한다. 이렇게 수단이 강제된다면, 선택의 가능성이 없으니, 절대적 자유의 개념에서 본다면 이것은 부자유한 상태가 될 것이다. 하지만 합리적 자유에서는 선택이 문제가 아니라 선택과 무관하게 자기를 실현할 수 있는가가 문제가 된다.

예를 들어 내 성적으로 선택할 수 있는 대학은 한 곳밖에 없어도 이 대학에서 내가 나의 목적을 실현할 수 있다면, 나는 자유를 느낀다. 반면 아무리 많은 대학을 선택할 수 있어도 어느 대학에서도 나의 목적을 실현할 수 없다면 나는 자유가 없다고 생각할 수밖에 없다.

이런 합리적 자유의지 개념은 달리 표현하면 도덕적 자유의지가 된다. 인간의 목적은 곧 그 사람의 가치, 규범이다. 그러므로 합리적 자유의지는 가치, 규범이 인간의 의지를 지배하는 것이라 볼 수 있다. 이 경우 가치, 규범이 그 사람이 원하는 것이라는 점이 전제되어야 한다. 만일 억압적인 가치, 규범이라면 그것은 외적 강제에 속하게 된다. 자기가 원하는 목적이 지배하는 이런 도덕적 자유의지를 가장 옹호한 철학자가 바로 칸트이다.

칸트에서 도덕법칙은 합리적 자아가 이성적으로 검증한 결과로 나온 법칙이며, 동시에 모든 사람이 받아들이는 정의로운 법칙, 최고의 가치이다. 칸트는 이런 도덕법칙을 따르는 의지는 욕망과 대립하며, 욕망에서 벗어난 순수의지라고 보았고, 도덕법칙이 의지를 지배하는 과정은 기계적 필연성과 구분되는 합리적 관계로 곧 합목적적 관계로 규정한다. 칸트는 이런 합리적 관계를 자유로운 관계라고 하므로 순수의지는 곧 자유의지가 된다.

칸트의 자유의지 개념은 헤겔의 자유의지 개념을 이해하는 출발점이 된다. 헤겔은 자유의지를 법적 인격과 구분한다. 법적 인격은 무엇이나 선택할 수 있는 자유이다. 헤겔은 이를 형식적 자유의지라 한다. 헤겔은 이런 인격의 실질적 내용을 이루는 것이 사회적 정의라고 한다. 정의를 따르는 자유의지를 헤겔은 실질적 자유의지라고 하는데, 이 사회적 정의가 곧 도덕법칙이니, 헤겔의 자유의지 개념은 칸트의 순수의지 개념에 바탕을 둔 것이라 하겠다. 물론 헤겔은 칸트의 자유의지가 지닌 한계를 넘어 공동체적 자유의지로 나가지만, 그 출발점은 도덕법칙을 따르는 의지라는 개념에 있다.

합리적 자유의지의 가능성

도덕적 자유의지, 또는 실질적 자유의지는 실제로 존재하는 것일까? 이것을 논증하는 것은 정말 어렵다.

칸트는 도덕법칙을 따르는 자유의지의 존재를 구체적 사실을 통해 증명하려 했다. 누구나 고개를 들거나 일어나보거나 손을 들어본다면 자기 생각대로 신체가 움직이는 것을 알 수 있을 것이니, 인간에게는 자기가 원하는 것(그중 최고의 원리가 곧 도덕법칙이다)에 따라 움직이는 의지가 존재할 것임은 틀림없다. 즉 자유의지는 하나의 사실이니 더 따지지 말자는 말이다.

이 논증에는 문제가 있다. 신경증에 걸린 많은 사람을 보자. 그런 사람은 자기가 원하는 대로 고개를 들지 못하며 일어나거나 손을 들지 못한다. 굳이 모든 사람이 아니라도 소수의 사람 아니 단 한 사람만이라도 그렇게 원하는 대로 움직일 수 있는 것이 사실이라면 자유의지의 존재는 증명되었다고 할 수 있을까?

꼭 그런 것만은 아니다. 그 사람조차 자기가 원하는 대로 했다기보다는 자기도 알지 못한 채로 욕망이나 감추어진 힘을 통해 강요되었을 수 있기 때문이다. 도스토옙스키의 작품 『악령』에서 주인공 중의 하나인 스메르쟈코프는 인간이 자유롭다는 것을 증명하기 위해 자살을 결정한다. 자살하는 경우 얻는 이익은 아무것도 없으니, 자살이야말로 어떤 강제 없이 자기가 원해서 일어난 것이 아닐까? 하지만 객관적으로 보면 자살한 사람에게 그 사람이 자살한 이유를 발견할 수 있다.

정말 자살처럼 자유로운 행위가 있다고 하자. 그래도 문제가 있다. 우리가 사실적으로 발견하는 이런 자유의지가 칸트가 말하는 그런 자유의지인지는 불분명하다. 칸트의 자유의지는 욕망과 대립하면서 도덕법칙을 따르는 순수의지인데, 고개를 들거나 다리를 움직이는 자유가 욕망과 무관하다고 볼 수는 없기 때문이다. 그러므로 이런 사실적 증명을 통해 도덕적 자유의지가 실제로 존재한다는 사실이 논증되었다고 볼 수는 없다.

사실을 통한 증명이 실패로 돌아가자, 낭만주의 철학자 셸링은 인간에게 도덕적으로 자유로운 의지가 존재한다는 것을 형이상학적으로 입증하려 했다. 인간에게 자유로운 의지가 있으며 그런 자유의지는 욕망의 방해조차도 극복할 힘이 있으니 이를 양심이라 한다.

셸링은 이 양심의 존재를 형이상학적 방식으로 증명하려 했다. 사물에는 활력이 있으며 이 힘을 그는 제곱하는 힘이라

유적 존재

유적(類的)이라는 말은 독일 고전 철학자들이나 초기 마르크스까지 자주 사용했다. 인간이 자신의 유를 지속하기 위해 활동한다는 의미이다. 다른 동물도 이 점에서 마찬가지지만, 인간과 차이가 있다. 동물의 유는 자연적인 종을 의미하지만, 인간의 유는 사회를 의미한다. 유적 존재란 사회적 존재라는 의미이다.

한다. 아마도 사물 속에 있는 일 에너지[1]를 이렇게 활력이라고 말하는 것으로 보인다. 이 활력은 인간에게도 존재하며 인간 내부에 있는 활력은 개체를 넘어서 움직이는 유적인 힘이다. 이 힘은 자기를 보존하려는 개체적 힘을 넘어서는 힘이며, 고유한 힘이다.

나중에 프로이트(Sigmund Freud, 1856~1939)는 자기 보존을 위한 생의 본능을 넘어서는 종적인 본능으로서 죽음의 본능, 또는 성적 본능을 상정했다. 셸링의 양심은 그런 성적 본능과 같이 유적이다. 성적 본능이 자기를 파괴하는 부정적인 것이라면, 양심은 긍정적인 것이다. 그것은 도덕적 자유의지이며, 이것을 통해 정의로운 사회가 이루어진다.

1 일 에너지를 규정하는 법칙을 예로 들어보면 잘 알 수 있다. $S=\frac{1}{2}at^2$과 같은 법칙을 보라. 공간과 시간의 관계를 규정하는 법칙인데, 공간은 곧 일의 양을 의미한다. 이 일의 양은 시간의 제곱으로 표현된다.

셸링의 가설은 형이상학적 가설이니, 먼저 그의 형이상학에 동의해야만 이 가설을 받아들일 수 있다. 설혹 인간 내에 개체를 넘어서는 유적인 힘 즉 활력이 존재하더라도 그 힘이 프로이트가 말한 것처럼 죽음의 충동일 수는 있을지 몰라도 양심이라고 말하기는 어렵지 않을까?

역사적 논증

칸트와 셸링은 자유의지를 발견하기는 했지만 이를 논증하는 데에는 실패했다. 헤겔은 이런 실패를 딛고 자유의지 즉 형식적 자유의지뿐 아니라 도덕적 자유의지가 존재할 수 있다는 것을 입증하려고 했다.

헤겔의 입증 방식은 바로 앞에서 설명한 것과 같은 역사적인 방식이다. 인간은 생존을 위해 투쟁하는 가운데 자신의 생존 본능을 넘어서는 자유의지를 갖는다는 것이다. 이런 자유의지는 역사적 실천적 행동과 투쟁의 산물이며, 따라서 역사를 통해 견고하게 발전해간다.

헤겔에 따르면 이 자유의지는 법적 인격인 형식적 자유의지에서 실질적 자유의지 즉 도덕적 자유의지로 발전하며, 이 과정에서 노예의 해방투쟁이나 프랑스 혁명의 공포정치와 같은 역사적 투쟁이 결정적 계기를 하게 되었다.

헤겔의 역사적 설명은 마치 역사의 드라마를 보는 것과 같다. 그의 설명은 자유의지가 출현하여 도덕적 자유의지가 되고, 마침내 공동체적 자유의지가 발전하기까지 인간의 역사가 얼마나 견고하게 전진했는가를 보여준다. 역사는 결코 단숨에 이루어지지 않았으며, 그런데도 조금씩 앞으로 나갔다. 앞의 역사에서 출현한 정신은 변증법적으로 새로운 정신으로 발전했다. 그렇게 해서 마침내 정신은 절대정신 즉 공동체적 자유의지에까지 이르게 된다.

도덕적 자유의지에 이르려면

앞에서는 인격 즉 개인적·형식적 자유의지가 출현하는 과정을 간단하게 소개했다. 그러나 『정신현상학』의 본류는 이것을 넘어서서 실질적인 자유의지, 그것을 넘어서 공동체적 자유의지가 형성되는 과정을 탐구한다.

개인적·형식적 자유의지로서 법적 인격이 출현하는 과정은 어쩌면 쉬운 문제일지 모른다. 왜냐하면, 로마 시대에 부분적으로 출현한 법적 인격은 적어도 근대 민주주의 사회에 이르러서는 거의 전 세계에서 일반화되었으니, 실제로 존재하는 것을 논증하는 일은 쉽기 때문이다.

그러나 어려운 문제는 사실 실질적인 자유의지 즉 도덕적 자유의지가 출현하는 과정이다. 이런 자유의지는 자기의 정당한 몫을 실현하려 하며 이를 통해 사회 전체에서 정의가 이루어진다. 나아가서 정의로운 사회는 공동체의 집단적 의지로 발전해야 하는데 이를 위해서는 공동체적 자유의지 즉 절대정신이 필요하다. 이 실질적이며 공동체적인 자유의지는 현실적으로 아직 존재하지 않는다. 그것은 헤겔이 상정한 이상적인 상태다.

이 존재하지 않는 것을 역사적 투쟁을 통해 존재할 수 있다고 입증하는 것이 정말 가능할까? 헤겔은 지난 역사의 과정을 보면 역사가 그런 식으로 발전할 것이라고 예상한다. 이를 위해 헤겔은 근대 역사에서 어떻게 정의의 개념이 출현했으며 이 정의를 실현하기 위해 어떤 투쟁이 벌어졌는가를 살펴본다. 그런 발전 과정이 이어진다면 실질적이며 공동체적인 자유의지도 마침내 실현될 것이라 본다. 하지만 이것은 역사의 추리이며 과연 어느 만큼 그 추리가 앞으로 실현될 것인가는 지켜보아야 할 문제일 것이다.

2장

『정신현상학』 읽기

헤겔 철학으로 들어가기

앞에서 언급했듯이 헤겔의 『정신현상학』은 포괄적인 사상사이지만, 그 초점은 자유의지가 역사적으로 출현하는 과정에 있다.

이 책에서는 지면상 헤겔의 『정신현상학』을 전체적으로 소개할 여유는 없다. 따라서 이 책은 불가피하게 헤겔의 『정신현상학』 가운데 이론적 인식을 다루는 부분은 필요한 만큼만 간단하게 소개하고 실천적 의지를 다루는 부분에 중점을 두기로 한다. 그렇다고 해서 철학적으로 인식론 부분이 의미가 없다는 것은 아님은 굳이 말할 필요도 없을 것이다.

『정신현상학』의 처음 세 개의 장 즉 감각[적 확신], 지각, 지성의 장은 세계의 본질을 인식하는 과정을 다룬다. 이 세 개의 장은 대상과 의식의 관계로 이루어진다.

헤겔 철학의 전개 과정

1) 두 개의 서문

이 책은 독특하게도 서문(Vorrede)과 서론(Einleitung)이 동시에 존재한다. 헤겔은 원래 철학의 전체 체계에 관한 책을 쓰려 했으나 도중에 이 철학 작업에 들어가는 예비학으로서 『정신현상학』을 서술했다. 그의 작업은 여기서 멈추어버렸으나 그 흔적으로 「서문」이 남아 있다. 「서문」은 헤겔이 원래 작성하려 했던 전체 철학의 서문에 해당한다. 반면 뒤에 나오는 「서론」은 예비학으로서 『정신현상학』의 서문이 된다. 이 「서론」과 「서문」에 나오는 내용의 핵심은 학문의 전개 과정과 인식의 역사적 발전 방식이다. 둘 다 변증법을 설명하지만, 그 방식은 서로 정반대이다.

2) 낭만주의 비판

우선 「서문」의 내용을 간략하게 정리해보자. 헤겔은 자기 시대의 철학적 과제를 그의 시대와 관련해 제시한다. 당시 독일은 앞에서 말했듯이 민족적 분열과 봉건적 반동에 시달리고 있었다. 그러나 프랑스 혁명의 영향으로 독일 곳곳에서 민족통일과 근대 사회로의 이행을 부르짖는 외침이 들려왔다.

헤겔에 따르면 그의 시대는 '탄생과 이행의 시기'이다. 이 이행은 이미 문 앞에 다가왔으며, 그 때문에 이행을 감지한 최초의 철학이 등장했으니, 그것이 곧 낭만주의이다. 헤겔은 이처럼 낭만주의의 역할을 높이 평가하면서도 이 낭만주의 철학은 "마치 사막 속에서 목말라하는 방랑자가 단 한 모금의 물을 애타게 찾는 경우와도 같아"(13쪽, 25~26행)[2] 이를 통해서는 갈증을 채울 수 없다고 한다.

헤겔이 이렇게 낭만주의를 비판하는 이유는 낭만주의 철학의 방법론적 한계에 있다. 낭만주의는 절대적 본질을 직관을 통해 인식하려 하며 그 결과 모든 존재자의 차이는 절대적 본질의 통일성 앞에서 무의미하게 되었다. 낭만주의가 인식하는 것은 그 깊이를 알 수 없는 밤이며 "그 속에서 모든 소는 다 같

---

2 인용문은 원전으로 하기로 한다. 원전은 Hegel, *Phänomenologie des Geistes*, GW 9, hrsg v. Wolfgang Bonspien & Reinhard Heede, Felix Meiner Verlag, 1980이다.

이 검다."(17쪽, 28행) 그런 인식은 깊이가 있다 해도 그 깊이란 천박한 것에 지나지 않는다고 한다.

> 그러나 박학하지만 공허한 것이 있듯이 심원하지만 공허한 것도 있다.(14쪽, 8~9행)

이어서 헤겔은 낭만주의 외에 자기 시대에 출현한 다양한 철학적 방법론을 비판한다. 여기서 수학적 인식의 방식, 형식주의적 인식 방식이 주요 비판 대상이 된다. 수학적 방식은 공간적 크기만을 다룰 뿐이며 시간적인 변화와 생성을 다루지 못하고, 형식주의적 인식은 마치 식료품점에 배열된 통조림통의 표처럼 분류를 위한 지표이기는 하지만 그 내용이 무엇인지는 알 수 없는 인식에 지나지 않는다.

3) 개념의 운동과 자기 부정

헤겔은 그의 시대에 출현한 학문의 방식을 비판한 다음, 이제 학문은 시대의 요청에 따라 새로운 방식으로 전개되어야 한다고 말한다. 그는 먼저 이 학문 방식은 체계적이어야 한다고 한다. 학문은 단순한 원리 인식에 그쳐서는 안 되며 이 원리가 구체적으로 전개되어 현실을 설명할 수 있어야 한다. 즉

'현실적 인식'이 되기 위해서는 구체적 전개 과정이 필요하다는 것이다. 그것은 마치 피타고라스 정리를 배우는 것만으로는 충분하지 못하고 이 정리를 공리로부터 연역하는 증명 과정이 필요한 것과 마찬가지다.

헤겔은 이 전개 과정을 강조하면서 진리는 근본적으로 '냉엄하게 전진하는 사상의 필연성'을 따라 전개되어야 하며, 이 필연성에 도달하기 위해서는 도취가 아니라 '개념적 사유의 긴장된 노력'이 필요하다고 한다.

그런데 헤겔이 말하는 체계는 기하학적인 체계와는 구분된다. 양자는 모두 일반성(공리)에서 특수성이라는 매개를 거쳐서 개별성(정리)을 끄집어내는 연역적 방식으로 체계화되어 있다. 하지만 이 체계화의 방식이 다르다. 기하학적 체계에서 모든 특수한 것은 이 일반적 개념에 속하는 하나의 구성 원소에 지나지 않는다. 이 같은 기하학적 체계의 구조는 비유하자면 마치 최고의 원리가 방사하는 것처럼 펼쳐나간다.

그러나 헤겔에서 체계는 목적론적 과정으로 그려지니, 연역적 체계와 유사하게 보인다. 하지만 그 구체적 모습은 다르다. 예를 들어 하나의 특수한 현존 A가 다른 특수한 현존 B로 발전할 때, 헤겔은 B에서 드러나는 일반적 개념 P가 처음 자기를 타자화하여 A로 출현했다가, 이를 부정하여 자기 내로 복귀하며 이제 새로운 일반적 개념 P′이 되어, 다시 자기를 타자화하면서 B가 된다는 것이다. 이 과정을 앞의 기하학적 체계와 비교하자면 이 체계는 마치 지그재그식으로 나가는 것 같다.

> 그러나 정신이 의식의 대상으로 되는 것은 정신이 운동하는 가운데 자기를 타자화하며, 자신의 자아가 대상으로 삼는 것으로 되고 다시 이와 같이 타자화된 존재를 지양하기 때문이다.(29쪽, 23~24행)

헤겔은 자기를 타자화하여 자기 내로 복귀하는 발전적 과정을 개념의 변증법적 운동이라 했다. 이 학문적 체계의 변증법적 발전 과정에서 핵심적인 것은 그 매개 과정이다. 개념의 운동을 매개하는 현존 A를 주목해보자. 이 현존 A는 이미 개념 P가 타자화한 것이니, P의 부정이라 할 수 있다. 이런 현존 A가 다시 자기를 부정하면서 개념 P는 자기 내로 복귀하게 된다. 그러므로 이 과정을 매개하는 것은 곧 현존 A의 '이중 부정성(Negation der Negation)'에 있다고 할 수 있다. 이 매개 과정은 부정을 매개로 하는 것이기에 평면에 펼쳐지는 것이 아니라 입체적 공간(개념과 현존이 이루는 공간)에서 펼쳐진다.

헤겔에서 어떤 것에 대한 부정은 그것에 관해 외부에 존재

그 자체적인 존재, 대자적 존재

그는 개념의 발전 체계를 서술하기 위해 자기 나름대로 독특한 언어를 만들어낸다. 앞에서 내부에 감추어져 있는 일반적 개념 P를 그 자체적인 존재(an sich)라고 하며 이것이 자기를 타자화하여 나타난 구체적인 현존 A를 대자적 존재(für sich)라고 한다. 이 현존 A가 부정되어 다시 등장하는 새로운 일반적 개념 P′를 헤겔은 '그 자체 존재대로 현상하는 존재(an sich und für sich)'라고 한다.

하는 부정이 아니다. 이 외적인 부정의 관계에서 긍정과 부정은 마치 각인된 동전과 같은 것이어서 주머니에 넣고 다니면서 때로는 이 동전을 때로는 다른 동전을 꺼내는 것과 같다. 오히려 헤겔에서 부정은 내적으로 일어나는 부정이다. 즉 어떤 현존에 대한 부정은 그 현존의 자기 부정성, 자기모순을 통해 나오는 것이다. 이 자기 부정성 때문에 현존은 다시 일반적 개념으로 복귀하게 된다.

「서문」에 나오는 변증법적 체계에서 전체의 중심은 개념에 있는 것처럼 보인다. 이 변증법적 체계에서 매개 과정은 현존의 자기 부정성인데, 이 자기 부정성은 '개념의 운동'에서부터 나오는 것으로 보이니 전체 체계는 마치 개념이 조화를 부리는 듯하다. 그것은 신이 세계를 만들었다가 다시 파괴하는 과정과 같이 자기를 타자화하고 다시 자기로 복귀한다. 그러므로 이 변증법적 체계는 자주 변신론으로 간주되기도 한다.

하지만 헤겔의 변증법의 진정한 모습은 이런 변신론이 아니다. 변증법적 체계의 진정한 모습을 이해하려면 「서론」에 나오는 '의식 경험의 길'이라는 개념을 이해해야 한다. 이 부분은 잠시 미루고 「서론」을 다룰 때 함께 다루기로 하자.

4) 철학의 어려움

이렇게 변증법적 체계로서 학문의 개념을 설명한 다음, 헤겔은 이 인식 방법론은 역사적으로 전개되었으니 개인은 이 역사적 발전 과정을 응시하면서 역사적 발전 수준을 따라가야 한다고 한다.

「서문」의 마지막에 이르러 헤겔은 철학의 어려움을 말한다. 철학은 위에서 설명한 것처럼 변증법적이므로 일반적 명제와는 구조가 다른 사변적 명제로 이루어져 있다. 철학은 이런 사변적 명제를 이해해야 하므로 마치 구두공이 오랜 훈련 끝에 구두를 만들 수 있듯이 오랜 습득 과정을 통해 배워야 한다. 헤겔은 예수님이 말했듯이 죽은 자의 장례는 그들에게 맡겨두고, 즉 일상을 떠나서 자신을 따라 학문적 인식에 이르는 오랜 역사적 과정을 살펴보자고 하면서 「서문」을 끝낸다.

명제

명제는 주어와 술어로 이루어져 있다. 그것을 연결하는 것이 계사이다. 이런 명제는 형식 논리학에서는 주어가 지시하는 대상이 술어의 외연에 속하는 것으로 해석한다. 그러나 헤겔은 이런 명제는 거꾸로 해석될 수 있다고 본다. 즉 술어는 주어가 갖는 다양한 성질 중의 하나라는 것이다. 전자로 보면 명제는 일상적 명제이며 후자로 보면 사변적 명제이다. 철학의 명제는 주로 후자로 이해되어야 한다는 것이 헤겔의 주장이다.

인식의 역사적 발전 과정

1) 서론의 주제

앞에서 말했듯이 「서문」이 전체 철학 체계의 서문이라면 「서론」은 그 예비학으로 『정신현상학』의 서문에 해당한다.

「서론」의 출발점은 「서문」의 마지막 부분에서 헤겔이 언급한 내용이다. 「서문」에서 소개했듯이 학문의 지반은 개념적 인식 즉 변증법적 체계이다. 이 학문의 지반 속에서만 진리가 인식될 수 있다는 자각은 하늘에서 뚝 떨어지듯 주어지는 것은 아니다. 이 자각에 이르기 위해 인식을 배우는 사람은 인식이 발전하는 오랜 역사적 과정을 거쳐 나가야 한다.

2) 인식에 대한 회의론

인식에 대한 헤겔의 설명을 보면 이 설명의 출발점은 칸트의 선험철학에 있다는 것을 발견할 것이다. 칸트에 따르면 인식은 선험적 개념이 대상을 구성하면서 성립한다. 이런 선험적 구성론은 불가피하게 물 자체(Ding an sich)라는 개념에 부딪히게 된다. 결국, 칸트는 물 자체를 불가지의 영역으로 남겨놓았다.

칸트 이후 이 물 자체 개념을 극복하기 위한 시도가 등장했다. 헤겔은 이 시도를 다음과 같이 서술한다. 즉 인식의 도구인 개념이 오히려 인식을 방해하니, 이 시도는 인식의 개념을 제거하면 물 자체에 대한 인식이 가능하리라고 생각한다. 이 시도는 낭만주의처럼 직관주의로 나간다.

그러나 헤겔은 그런 시도는 가능하지 않다고 한다. 왜냐하면, 인식의 도구로서 장애가 된다고 해서 개념을 제거하면 인식 자체가 이루어지지 않기 때문이다. 헤겔은 인식이 개념을 도구로 사용할 수밖에 없다는 것을 인식의 아포리아로 보면서도 그런 아포리아 때문에 인식을 포기할 수 없다고 말한다.

헤겔은 이런 불가지론자를 비판하면서, 불가지론은 오류에 대한 두려움이 있는데 이는 오히려 진리에 대한 두려움이 아니냐고 반문한다. 즉 그들은 오류 즉 빛(독일어로 가상(Schein)은 빛(scheinen)과 동일한 어원을 갖는다) 속에 숨으려 한다는 것이다.

그러나 그는 인간에게는 '이성의 폭력', '진리가 불러일으키는 불안'이 있으므로 결코 이 불가지론에 멈출 수는 없다고 한다. 그는 인식에서 오류는 불가피하며 오히려 오류를 거쳐나가야만 진정한 진리에 이를 수 있다고 확신한다. 오류를 통한 진리 인식이, 곧 인식이 발전하는 길이다.

3) 의식 경험의 길

그렇다면 헤겔은 어떻게 진리에 관한 인식에 이를 수 있다고 보았을까? 그 가능성을 헤겔은 '의식 경험'의 개념을 통해 밝히는데, 이 개념을 서술하자면 다음과 같다.

인식하는 주체는 먼저 어떤 특정한 개념틀에서부터 시작한다. 주체는 이 개념틀을 통해 어떤 대상을 구성한다. 이것이 곧 자기를 정립하는 과정이다. 이 출발점에서 칸트의 선험철학이 전제되어 있다는 것을 알 수 있다.

이렇게 구성된 것은 자기에 내재하는 개념틀을 통해 제약되어 있다. 다시 말하자면 이 개념틀 밖에 있어서 그 개념틀로 설명되지 않는 어떤 것이 등장하게 된다. 이것은 기존의 개념틀에서부터 설명되지 않으므로 알 수 없는 어떤 것이 된다. 따라서 기존의 개념틀은 이 알 수 없는 것 즉 물 자체에 부딪혀 파산하게 된다. 이것이 기존의 개념틀에서 일어나는 자기모순이며 자기 부정성이다.

이 물 자체 개념은 이미 칸트에서 제시되었다. 헤겔은 물 자체 개념을 재해석한다. 즉 물 자체는 칸트가 주장하듯이 사실 절대 알 수 없는 어떤 것은 아니며, 다만 기존의 개념틀에서 알려지지 않는 것이다. 즉 상대적인 물 자체이다. 헤겔은 상대적 물 자체 개념을 위해 '어떤 의식에 대한 그 자체 존재(an sich für es)'라는 독특한 개념을 창안하기도 한다.

이 자기모순에 부딪히면, 기존의 개념틀은 자기를 반성하면서 자기를 좀 더 포괄적인 개념틀로 발전시킨다. 이 포괄적인 개념틀은 그 이전 개념틀에서 알 수 없는 것까지 이해할 수 있는 개념틀이다. 헤겔은 자기모순에서부터 새로운 개념틀에 이르는 과정을 자기 내로 반성하는 과정이라 하며, 이 과정은 인식의 발전에서 결정적인 계기로 간주된다.

4) 두 가지 변증법

「서론」에 나오는 의식 경험의 길은 「서문」에 나오는 변증법적 체계로서 학문의 과정과 유사한 듯하지만 차이가 있다.

「서문」에서 학문의 과정은 개념에 중점을 둔다. 이때 매개가 되는 자기모순은 개념의 운동을 통해 일어난다. 즉 개념은 자기를 타자화하여 다시 자기로 복귀하니 그 때문에 현존은 산출되었다가 다시 파괴되는 것이다.

하지만 「서론」에 나오는 의식 경험의 길을 살펴보면 여기서 중점이 되는 것은 오히려 자기모순의 개념에 있다. 여기서 자기모순은 어떤 특정한 인식이 이해할 수 없는 대상에 부딪히는 것에서 나온다. 이 모순은 특정한 인식의 기초가 되는 개념틀의 한계에서 나오는 것이므로, 이를 통해 이 개념틀에 대한 반성이 일어난다.

「서문」에 나오는 개념의 운동으로 볼 때 전체 과정은 목적론적이다. 이 과정에서 가장 추상적인 것이 자기를 구체적으로 실현한다. 그러나 「서론」에 나오는 의식 경험의 길을 통해서 볼 때 전체 과정은 끊임없이 모순을 해결해나가는 열린 과정이다. 여기서 특정한 개념틀은 점차 일반적인 개념틀로 발전한다. 두 변증법이 나가는 방향은 전혀 반대처럼 보인다. 하나는 추상에서 구체로 나가며, 다른 하나는 개별에서 일반으로 나간다.

이 이중성을 어떻게 이해해야 할까? 헤겔이 「서문」에서 제시한 형태와 계기라는 개념은 이 관계를 이해하는 단서가 될 수 있다. 헤겔은 인식의 발전 과정에서 이전의 형태는 이후의 형태에서 내적 계기가 된다고 말한다. 이를 기억, 또는 내면화(Erinnerung)의 과정이라 한다. 여기서 내적 계기란 곧 논리가 전개되는 계기라는 말이니, 이는 사유라는 평면에 펼쳐지는 것이다.

양자의 관계를 이렇게 이해할 수 있다. 즉 인식의 형태들이 역사적으로 발전하는 과정을 사유의 스크린에 투사한다면 그것이 논리의 계기적 발전을 이룰 것이다. 거꾸로 논리의 계기적 발전을 시간의 평면에 투사한다면 그것이 역사의 발전이 될 것이다. 그러므로 개념의 운동과 의식 경험의 길은 마치 서로 빛을 비추고 있는 것과 같다.

양자가 동일한 과정을 서로 다른 측면에서 보는 것이라고 할 수 있다. 논리의 발전도 그 이면에는 역사적 발전이 들어 있으며, 거꾸로 역사의 발전에도 그 이면은 논리의 발전이다. 결과적으로 두 변증법은 최종점에서 동일한 결론에 이른다. 논리의 발전에서는 개념이 구체적으로 현실로 된다. 역사의 발전에서도 모든 현실을 포괄하는 개념틀이 출현한다. 어느 변증법에서나 개념과 현실이 합일한다고 하겠다.

이런 점은 「서문」에 나오는 헤겔의 언급에서 확인할 수 있다. 헤겔은 「서문」에서 자신의 체계를 학문이라고 말한다. 이런 학문은 낯선 내용을 주관적으로 구성하는 것(경험적 추상)도 아니며, 이에 대한 반발로 주관 내로 복귀하여 공상을 지어내는 것(형이상학적 연역)도 아니다.

> 그러나 학문적 인식이 요구하는 것은 오히려 대상의 생명에 몸을 맡기고, 다른 말로 하면 바로 그 대상의 내적 필연성을 직시하면서 이를 언표하는 것이다.(39쪽, 8~10행)

> 학문적 인식은 학문의 소재(Materie) 속에 침잠하여 그 소재가 스스로 전개하는 운동을 통해 앞으로 나가면서 이를 통해 자기 자신에게로 복귀한다.(39쪽, 13~14행)

이상 인용 구절에서 보듯 헤겔은 '대상의 생명'이라든가, '소재 스스로가 전개하는 운동'을 강조한다. 이것은 헤겔의 체계를 변신론적 체계로 이해한다면 이 구절은 좀 의아스럽게 느끼기도 하겠다. 그러나 이 언급을 「서론」에 나오는 의식 경험의 길에 비추어본다면 충분히 이해될 것이다.

두 가지 변증법의 관계를 위와 같이 이해할 때 비로소 이해하기 곤란한 정신현상학의 구조가 설명된다. 예를 들어 정신현상학과 학문적 체계의 일부로서 법철학의 관계를 생각해보자. 쉽게 이해하기 위해 다음과 같은 간단한 도식을 만들어보았다.

이 도식에서 수직선은 논리적 체계이다. 곡선은 역사적 과정이다. 주로 『법철학』과 비교되는 『정신현상학』의 부분을 그렸다. 『정신현상학』은 역사의 과정과 논리적 체계를 이중적으

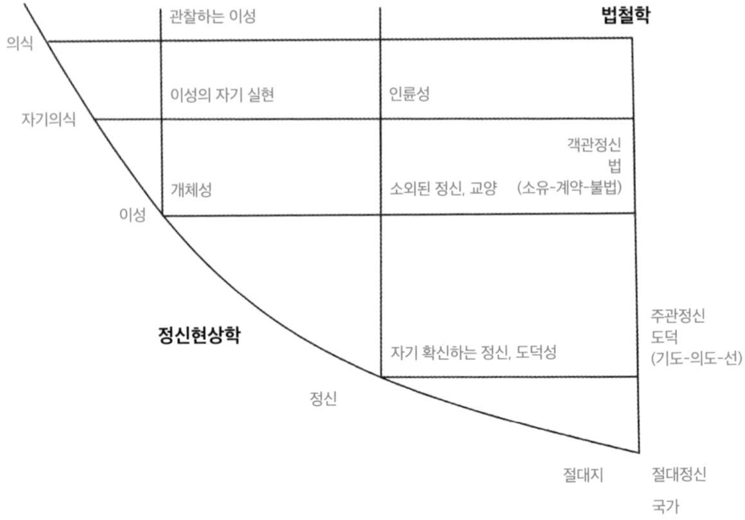

『정신현상학』의 구조.

로 보여준다. 예를 들어 이성 장을 마친 다음 정신 장으로 들어가면서, 그 이전에는 정신의 형태였으나 이제는 논리적 계기가 된 것을 다시 반복한다. 『법철학』도 사실 이중적이다. 예를 들어 법의 부분은 시대적으로 소유(점유) → 계약 → 불법(범죄)이라는 형태로 발전하며, 그런 다음 논리적으로 다음 계기인 도덕으로 이행하면서 다시 역사적으로 전개된다. 헤겔의 체계를 복잡하게 하는 이중성을 제거하고 『정신현상학』의 역사 과정

부분과 『법철학』의 논리 체계를 비교해보면 위 도식에서 보이는 것과 같이 '이성'과 '법(계약)', '정신'과 '도덕(선과 양심)', '절대지'와 '국가'가 서로 상응하는 것을 볼 수 있다.

5) 연구 과정과 서술 과정

이 두 가지 변증법을 마르크스의 주장처럼 연구 과정과 서술 과정으로 이해할 수 있다. 연구는 개별자에서 출발해서 일반적 원리에 이른다. 연구가 끝나면 이를 서술하면서 일반적 원리로부터 점차 구체화해 개별자에 이른다. 연구 과정이 의식 경험의 길과 같다면, 개념의 운동은 서술 과정과 같다.

「서문」에 나오는 변증법은 실제 『논리학』을 비롯한 헤겔의 대부분의 학문적 저서에 적용된 방법이다. 반면 「서론」에 나오는 변증법은 『정신현상학』에서만 나오고 그밖의 곳에서는 나오지 않는다. 그것은 『정신현상학』이 학문에 이르는 예비학이기 때문이다. 『정신현상학』은 말하자면 연구 과정이며 『논리학』을 비롯한 다른 학문은 연구의 끝에 도달한 결론을 원리로 삼아서 구체적으로 전개하는 서술 과정이니, 『정신현상학』은 의식 경험의 길을 따라가는 반면, 다른 학문은 개념의 운동을 따라가는 것으로 생각할 수 있다.

『정신현상학』에서 인식은 단계마다 모순에 부딪힌다. 모순의 구체적 형태는 그때마다 다르게 나타난다. 헤겔이 들고 있는 모순을 몇 가지만 제시한다면 대립, 자기 부정, 모순, 무한 판단, 딜레마, 자가당착, 거울 보고 싸우기, 분열된 의식, 전치(verstellung), 죽음에의 동경 등이다. 이 과정을 반복하면서 한편으로 그 자체 존재는 새롭게 출현하며 다른 한편으로 인식은 그 자체 존재에 다가간다.

의식

『정신현상학』에서 1장 감각적 확신, 2장 지각, 3장 지성 장을 한데 묶어서 뒤에 나오는 자기의식 장에 대비해 의식 장이라 이름 붙일 만하다. 여기서 대상은 의식에 대해 자립적으로 존재하는 것으로 전제되어 있다. 이 의식 장에서는 인식론적 문제가 다루어지며, 여기서 가장 핵심적인 주제는 성질, 속성, 형상, 본질이라는 네 가지 개념을 구별하는 것이다.

성질이란 개별적 대상에서부터 추상하는 과정을 통해 얻어지는 사물의 일반성을 말한다. 이런 일반성 가운데 개별 사물에 속하는 우연적 성질과 그 종류의 사물 모두에 속하는 필연적 성질이 구별된다. 이 후자를 철학에서는 속성이라 한다. 이것이 소피스트에 이르기까지 그리스 철학사에서 주로 논의되었던 문제이다. 속성 가운데 그 사물을 다른 사물과 구별해주는 속성을 형상이라 한다. 철학사적으로는 소크라테스, 플라톤이 이를 논의했다.

헤겔을 이해하는 데서 더 결정적인 것은 본질 개념이다. 일반적으로는 형상과 본질을 섞어서 쓰지만, 양자는 엄격하게 구분된다. 본질은 사물을 계속해서 그 사물로 만들어주는 형상이다. 예를 들어 역학적 물체는 형상을 가지지만 사실 자기를 지속하지는 못한다. 반면 생물체의 형상은 자기를 재생산하면서 지속하니, 그것이 생물체의 본질이 된다. 본질을 형상과 구분한 최초의 철학자가 아리스토텔레스이다.

이 네 가지 개념은 마치 피라미드층을 이루고 있는 것 같은데, 헤겔은 의식 장에서 위와 같은 개념의 발전이 어떻게 일어나게 되었는가를 다룬다. 그는 앞에서도 언급했듯이 이 같은 발전을 인식의 자기모순이라는 개념을 통해 설명하려 한다.

감각

인식의 최초 단계를 이루는 것은 감각[적 확신]이다. 이 감각은 인간의 의식이 자기 밖의 대상에 직접 부딪히면서 생겨난 인식이다. 그 인식이 있다면, 의식과 대상 사이에 어떤 것도 개입하지 않으니 양자는 한 치도 어긋남이 없이 합치하는 것이 아닐까? 게다가 그 누구도 아닌 나 자신을 통해 인식된 것이니 그 인식은 나로서는 의심할 수 없이 확실한 것이다.

과연 이 인식이 있을까? 이 직접적인 감각은 나중에 러셀이나 비트겐슈타인이 추구했던 원초적 명제에 해당하는 것이 되겠지만, 이 인식을 발견하기는 어렵다. 왜냐하면, 인간의 인식은 이미 일정한 개념을 사용해 이루어지는 인식이기 때문이다. 예를 들어 손가락으로 어떤 것을 지시하면서 그것을 '여기', '지금'이라 해도, 이런 말은 시간과 장소에 따라 어떤 것도 될 수 있는 일반적 의미를 지닌다. 나아가서 그것이 내가 지시한 것이라 할 때 그 '나'라는 말 역시 그 말을 사용하는 자에 따라서 누구라도 될 수 있다.

헤겔은 아무 말도 하지 않고 오직 손가락으로 지시만 하면서 그것이 내가 말하려는 것이라고 해도, 이 순수한 개별적 감각은 곧 기억 속에서 사라지고 말며 그 자신조차도 조금 전에 자기가 지시한 것이 무엇인지를 알 수 없게 된다고 한다. 예를 들어 어릴 때 어머니가 끓여주신 된장국 맛, 그것이 무엇인지는 어렴풋할 뿐 명확하게 기억하지 못한다.

그런 점에서 감각[적 확신]은 직접적 인식이라는 자기의 요구를 충실하게 실현하지 못한다. 이 개념과 실제의 차이라는 모순을 통해 인식은 감각적인 개별성이 아니라 사물의 일반적인 성질을 인식하려 하며 여기서 감각은 지각으로 이행한다.

지각

사실 감각적 확신이란 하나의 추정일 뿐 실제 있는 것은 아니다. 인간은 실제로 세계를 대상으로 하여 인식하기 시작하면서 이미 지각하기 시작했다. 인간은 여러 사물에서 공통된 일반적 성질을 추상한다. 하나의 사물을 어떤 사물과 비교하는가에 따라 다른 성질이 출현한다. 이런 지각론의 발전은 소크라테스가 등장하여 사물의 형상을 제시하기까지 지속된다. 헤겔은 이런 지각 이론의 발전을 두 단계로 나누어 설명한다.

첫 번째 단계를 보자. 하나의 사물은 여러 성질을 가지고 있다. 그렇다면 하나의 사물은 그릇, 즉 매체와 같을까? 사물이 그릇과 같은 것이라면 그 속에서 여러 성질이 공존하면서 서로 간섭하지 않을 것이다. 그러나 하나의 사물이 개체라면(Individualität: 불가분성이라는 의미를 지닌다), 이런 성질은 단순히 공존해서는 안 된다. 그것은 서로 구분 불가능할 정도로 뒤섞여서 하나로 통일되어야 할 것이다.

성질이 단순히 그릇에 담긴 것이라면 이 성질은 그 사물 즉 그릇에 내재하는, 고유한 것이라 하기 어렵다. 반면 서로 구분 불가능하게 뒤섞여 있다면 사물에 내재하는 것이 될 것이다.

사물이 그릇인가 개체인가 하는 딜레마는 지각 이론이 부딪힌 모순이다. 이런 모순을 극복하는 방법은 없을까? 성질에서 두 가지 종류를 구분하면 될 것같이 보인다. 그 사물에 필연적 성질과 그 사물에 우연적인 성질이다. 예를 들어 소금을 보자. 소금의 입방체라는 성질과 짠맛이라는 성질은 소금이라면 없을 수 없는 필연적 성질이다. 하지만 어떤 소금은 흰색이지만 다른 소금은 검은색이니, 색깔은 소금에 우연적 성질이다.

우연적 성질은 주관이 대상을 인식하면서 밖에서 집어넣은 것일 수밖에 없으며, 반면 필연적 성질은 사물 자체에 내재하는 것이다. 필연적 성질을 철학에서는 속성이라 한다.

이것으로써 문제가 해결될까? 지각 이론의 두 번째 단계에서 헤겔은 소크라테스, 플라톤적인 형상 이론을 설명한다.

앞에서 설명했듯이 성질에 차별을 둔다고 하자. 그런데 사물에 필연적이며 따라서 내재하는 성질은 보통 두 개 이상 있다(단순화하여 두 개가 있다고 하자). 예를 들어 소금의 짠맛과 입방체이다. 둘 다 모든 소금에 공통으로 들어 있는 일반적 성질이라는 점에서는 차이가 없다. 하지만 소금 속에 내재하는 성질로 두 가지 성질이 모두 들어갈 수는 없다. 왜냐하면, 소금이란 하나의 통일적인 개체 즉 헤겔의 표현을 빌리자면 일자(一者, Eins)이기 때문이다.

이런 고민은 쉽게 풀리지 않는다. 결국, 둘 중의 하나는 일차적이고 다른 하나는 부차적이라고 구분할 수밖에 없다. 플라톤은 이런 일차적인 속성을 사물의 형상이라고 규정한다. (헤겔은 이를 '대자적(für sich)인 성질'이라고 말한다.) 둘 다 필연적인 속성이니, 둘 중의 어느 것이 일차적이어야 할까?

플라톤은 속성의 일차성은 맥락에 따라 달라진다고 보았다. 예를 들어 소금을 설탕과 비교할 때 소금의 짠맛이 소금을 소금으로 만드는 일차적 속성, 즉 형상이다. 그러나 소금을 밀가루와 비교해보면 소금의 입방체 구조가 밀가루로부터 구분시켜주는 형상이다.

그중에 어떤 것이 형상이라면 다른 것은 이에 부수하는 것이 된다. 이 부수적인 것은 형상이 존재하는 기반이 된다. 플라톤은 이를 질료라 했다[헤겔적인 표현에 따르면 '대타 존재(Für Anderes Sein)'가 된다]. 이렇게 해서 일반적 성질 가운데 형상과 질료, 대자적인 것과 대타적인 것의 구분이 일어나게 되었다.

그러나 이런 식으로 구분하는 것은 일종의 미봉책이다. 헤겔은 이 구분에 문제가 있다고 본다. 왜냐하면, 여기서 기본적인 것과 부수적인 것으로 구분된 것은 서로 내적인 통일체를 이룬 것이 아니기 때문이다. 양자는 서로 공존하면서 다만 외면적으로 관계할 뿐이니 아직은 이런 구분을 통해 진정한 통일체로서 개체가 출현하지 않는다.

헤겔은 일차적인 것과 부수적인 것은 내적인 통일을 이루어야 한다고 보았다. 헤겔은 내적 통일을 법칙 개념에서 발견한다. 이 법칙은 두 가지 요소가 서로 관계하는 것을 말하는데, 이를 파악하는 것이 곧 지성이다.

지성

지성[3]에서 헤겔이 다루는 내용은 아리스토텔레스의 본질이

3 독일어 'Verstand'는 과거에는 오성(悟性)으로 번역했는데, 너무 과장된 번역이어서 지금은 지성으로 번역한다. 지성은 일반적으로는 판단의 능력을 말하지만, 헤겔에서는 법칙을

라는 개념이다. 이 과정에서 핵심은 법칙과 힘이라는 개념이다. 이 과정에 대한 헤겔의 서술은 헤겔적 사유의 진수를 보여준다. 이제 헤겔의 서술을 간략하게 정리해보자.

지각 장의 끝에서 헤겔은 두 개의 일반적 속성이 하나로 불가분의 통일을 이루는 것은 두 가지가 법칙으로 관계함으로써 가능하다고 보았다. 통일을 위해서 법칙 관계는 일방적이어서는 안 되며 오히려 상호작용의 방식으로 결합해야 할 것이다. 헤겔은 이런 두 개의 속성이 상호작용하는 관계를 이제 힘의 유희로서 파악한다.

1) 힘의 유희

이때 그가 참고로 하는 사유의 모델은 헤라클레이토스에서 시작된 불의 모델이다. 촛불은 상승하는 힘과 하강하는 힘이 균형을 이루고 있다. 두 힘은 끊임없이 상호작용하고 있지만, 전체적으로 보면 고요한 모습을 유지하고 있으니 헤라클레이토스는 이를 로고스(Logos, 질서)라 했다.

불의 비유는 상호작용적 관계를 의미하니, 이 관계는 근대에 들어오면 미적분 관계를 통해 구체적으로 드러난다.

발견하는 능력을 의미한다.

미분적 힘[4]은 두 가지 대립하는 힘의 비례(dy/dx)로 이루어져 있다. 이 힘이 쌓이면서 적분 관계(예를 들어 $Y=x^2$)가 형성된다. 이런 적분 관계($Y=x^2$)는 x의 값이 -일 때는 Y의 값이 하강하며, x값이 +일 때는 정반대로 상승한다. 이 예는 서로 대립하는 현상이 동일한 미분적 힘을 매개로 하고 있다는 것을 보여준다.

불의 비유 또는 미분 관계를 기초로 해서 헤겔은 두 요소가 이루는 법칙 관계 내부에는 두 대립하는 힘이 상호 운동하고 있다고 본다. 그 힘은 곧 수축하는 힘과 표출하는 힘인데, 양자는 서로가 서로에 대해 영향을 미친다. 그래서 표출하는 힘은 수축하는 힘을 수축하게 만드는데 그것은 수축하는 힘이 그렇게 하도록 영향을 미치기 때문이며 거꾸로도 마찬가지이다. 이 힘의 모습을 연상하려면 태극의 도식을 떠올리면 될 것이다.

이 운동은 내부적으로 본다면 미분적 힘의 유희이지만, 표면적으로 본다면 대립하는 두 속성의 법칙이 출현한다. 미분적 힘이 내부에서 작용하고 있으므로 법칙은 필연적인 상호작용의 관계가 될 수 있다.

사물의 법칙이 이렇게 힘의 유희로 이루어져 있다는 사실

4 미분은 영어 'differential'의 번역이다. 흔히 차이라고 번역하기도 하지만 사실은 무한히 작으면서도, 서로 대립하는 두 힘의 비례이다.

은 개별 법칙을 일반화하면서 드러나게 된다. 개별 법칙에서는 법칙 관계를 이루는 두 요소가 이 법칙(형식)과 무관한 자립적인 성질(내용)을 가지고 있다. 그러나 일반 법칙에서는 이 내용이 사라지고 순수한 힘의 관계로 표현된다. 예를 들어 지상에서 낙하법칙이나 조수간만의 법칙을 일반화하면 만유인력이라는 힘의 개념이 나온다. 만유인력은 인력과 척력이라는 힘의 관계이다. 또 다른 예를 들어보자. 처음에 전기는 유리 전기와 수지 전기로 표현되었다. 그러나 이 전기 현상이 순수하게 일반화되면서 +전기와 -전기라는 순수한 힘의 관계로 표현된다.

2) 생명 개념의 출현

헤겔은 이제 힘, 즉 일반 법칙과 개별 법칙 사이의 관계가 사물의 층위에 따라 달라진다고 말한다. 그는 이를 통해 유기체에서 생명 개념을 도출한다.

개별 법칙과 전체 법칙의 관계를 보자. 이 관계는 사물의 종류에 따라 다양한 방식으로 나타난다. 역학적 물체의 세계에서 예를 들어 +, - 전기의 순수한 힘은 구체적으로 물체(수지, 유리) 속의 전기로 나타난다. 여기서 전체는 부분을 포괄하지만, 부분은 자립적 요소를 갖고 있어서 전체에 대해 외면적으로 관계한다.

전체와 부분의 관계가 생명체에 이르게 되면 새로운 방식으로 나타난다. 여기서 생명의 내적인 힘은 외적인 세포를 통해 표현되지만, 이 관계는 외면적인 관계가 아니다. 내적인 관계이다. 즉 개별 세포는 신진대사를 통해 끊임없이 바뀌지만, 전체 유기적인 구조는 유지되면서 생명체는 자기의 형상을 계속 유지한다.

헤겔에 따르면 생명체에서 자기를 계속 생산하는 형상으로서 본질이 출현한다. 이런 본질은 동시에 세포 조직을 통해 자기를 개체화하니, 생명체에서만 비로소 개체가 개체로서 출현하면서 다른 개체와 구별되는 개체화가 출현한다. 반면 역학적인 물체는 자신을 개체화하는 힘을 갖지 못한다. 헤겔은 생물체의 경우 개체(Individualität)로, 반면 물체의 경우는 개별자(Einzelnes)로 표현한다.

생명체에서 본질과 개체는 내면과 외면이라는 상호 관계로 나타난다. 헤겔은 생명체의 내면 세계 즉 본질을 앞에서 말한 법칙의 내면 세계 즉 미분적 힘과 비교한다. 미분적 내면 세계가 현상 배후에 가려진 세계라면 생명체의 내면 세계는 자기를 현상 세계 속에 표현하고 있다.

헤겔은 생명체의 신진대사를 개념적으로 '자기를 타자화하면서 그 속에서 자신과의 동일성을 유지하는 존재'로 규정한다. 여기서 타자가 곧 자기가 되므로 이 자기 관계는 무한성의 개념이 된다.

> 이와 같은 단순한 무한성 또는 절대적인 개념은 생명의 단순한 본질, 세계의 영혼이라고 불린다. 그리고 또 이 개념은 일반적인 피 즉 도처에 존재하면서 그 어떤 구별을 통해서도 농도가 묽어지거나 끊겨버리는 일이 없으며, 오히려 스스로 모든 구별된 것들이 되고 동시에 그런 구별된 것들을 지양한 존재이며 따라서 자기 내에서 맥박치면서 동시에 스스로 움직이지 않으며 자기의 내면에서까지 흔들리면서도 불안함이 없이 존재하는 것이다.(99쪽, 30~34행)

생명체에서 출현하는 무한성의 관계가 자기의식의 출발점이 된다. 생명체 가운데 인간이 출현하면서 생명체의 자기 관계는 인간에게서 의식과 자기의 관계 즉 자기의식의 관계로 바뀌기 때문이다.

주인과 노예의 투쟁

지금까지 의식은 자연의 대상에 관계하며 대상을 인식하려 했다. 이어지는 자기의식 장은 자기의식과 자기의식 즉 개인과 개인 사이의 관계를 다룬다. 이 관계에서 개인이 다른 개인을 지배하려는 투쟁이 벌어지는데, 이 관계를 추동하는 힘이 곧 욕망이다.

이 관계의 끝에 마침내 개인은 서로의 자유를 인정하게 된다. 자유는 자기 결정권으로서 형식적 자유이며, 자유는 서로가 인정하는 자유이므로 모든 사람에게 동등한 법적인 인격이다.

헤겔은 자유가 출현하는 과정을 역사적으로 설명하는데,

이 과정은 주인과 노예의 관계, 스토아주의와 회의주의, 마지막으로 불행한 의식을 매개한다. 이 과정 끝에 기독교가 출현하고, 로마의 황제 체제가 등장하며, 로마법이 공포되는 역사적 과정이 존재한다. 이를 통해 인격은 마침내 법적으로 승인받는다. 인류 역사에서 처음으로 자유로운 인격이 출현한 것이다.

자기의식의 출현

전체 과정의 출발점이 되는 것은 자기의식적 개인의 출현이다. 앞에서 의식의 운동을 통해 자기를 끊임없이 재생산하는 본질로서 생명 개념이 출현하는 것을 보았다.

생명체는 신진대사를 통해 세포의 구체적 내용을 바꾸면서도 자기 자신의 형상을 계속 유지하는 존재이다. 생명체는 자기를 보존하는 것을 넘어서 또 재생산을 통해 또 하나의 자기를 생산한다. 여기서 자기를 재생산하는 종과 자기를 보존하는 개체가 구별된다. 헤겔은 이것을 생명체의 이중화 현상으로 규정한다.

헤겔은 생명체 가운데 인간이 출현하면서 새로운 변화가 일어난다고 한다. 자연 생명체에서 자기를 재생산하는 과정은 욕구라는 힘으로 매개된다. 욕구를 통해 자연을 동화시킴으로써 생명이 재생산된다. 자연적 생명체에서 욕구는 자연을 소모할 뿐, 이를 가공해 자립적인 대상으로 만들지 못한다.

하지만 이제 인간은 자신의 욕망[5]을 충족하기 위해 자연을 단순히 파괴하지 않으며 이를 가공해서 자신의 대상으로 만든다. 자기가 자기의 대상이 되고 이 대상을 통해 자신을 충족하면서 인간에게서 자기의식이 출현한다.

이 자기의식은 자신을 대상화하면서 자신이 그 대상을 지배하는 자라는 것을 알게 된다. 여기서 자기의식은 곧 자유의 의식으로 발전하게 된다. 이때 자유란 대상을 지배하는 자, 즉 결정권이나 선택권을 지닌 존재라는 의미이다.

자기의식의 출현과 더불어 생명체의 본질도 변화한다. 자연 생명체에서 유적 본질은 자연적인 종을 의미한다. 헤겔은 생명체의 자연적 종을 유적 본질이 개체 내에 머물러 개체와 직접 합일된 상태라고 표현한다. 반면 인간에게서 유적 본질은 자연적 종이 아니라 개인과 개인의 관계로서 사회이다. 헤겔은 인간에게서 유적 본질은 개체와 독립하여 독자적으로 존재한다고 말한다. 욕구가 자기의식으로, 종이 사회로 변화하면서

5 헤겔은 『법철학』에서 생명체의 욕구와 인간의 욕망을 구분한다. 인간의 욕구는 이미 관념화되기 때문에 욕망이라 한 것이다.

인간의 역사가 시작한다.

생사의 투쟁

인간은 자신의 욕망을 충족하기 위해 자연에 대해 노동하지만, 여기에는 한계가 있다. 자연은 자립성을 지니고 있으므로 자연의 힘을 극복하는 데에는 인간의 수고가 필요하다. 그 결과 욕망은 한정적으로만 충족될 수밖에 없으니, 이 한계를 극복하기 위해 인간은 타인과 투쟁에 나서게 된다. 즉 타인이 생산한 것을 빼앗아 자기의 욕망을 충족하려는 것이다.

이 투쟁이 더 발전하면 타인의 노예화가 시작된다. 주인은 노예에게 자연에 대한 자신의 수고를 전가한다. 주인은 노예를 매개로 자연의 자립적인 대상성을 극복해 자신의 욕망을 무한정 충족할 수 있게 된다.

헤겔은 노예화의 과정을 '생사의 투쟁'이라는 개념으로 설명한다. 헤겔은 이 투쟁을 역사가 흔히 그려내듯이 단순히 힘의 강약을 통해 일어나는 것으로 보지 않는다. 투쟁에서 승리는 정신적 힘을 통해 얻어진다. 죽음을 각오한 자는 죽음 앞에서 두려워하는 자를 이길 수 있기 때문이다. 자신의 육체를 버리는 모험을 통해 타인보다 정신적으로 우월함을 보여준 자는 주인이 된다. 반면 죽음을 각오하지 못하고 자신이 육체적 존재임을 폭로한 존재는 타인의 노예가 될 수밖에 없다.

패배한 자를 죽여버리는 것은 승리한 자에게도 공허한 승리에 불과하다. 그러므로 승리한 자는 패배한 자를 살려둔다. 패배한 자 역시 살아 있음으로써 다시 자기의식의 가능성이 남아 있다. 이렇게 해서 주인과 노예의 관계가 출현한다.

헤겔이 설명한 이 생사의 투쟁은, 부족국가에서 민족국가로 이행하면서 벌어졌던 노예 획득 전쟁을 염두에 두고 서술한 것으로 보인다.

주인과 노예 관계의 전도

그러나 여기서부터 헤겔의 설명은 반전한다. 승리한듯 보이는 주인이 전락하고 거꾸로 패배한 노예가 역사를 전진시키는 승리자가 된다는 것이다.

우선 헤겔은 주인의 전락을 설명한다. 주인은 노예가 자신의 수고를 대신하게 하면서 자신의 욕망을 충족하고 향락에 빠진다. 여기서 죽음을 각오하면서 등장한 그의 정신적 힘은 사라진다. 헤겔에서 이 향락은 욕망의 만족일 뿐, 아직 자기의식은 아니다. 향락은 대상을 소모할 뿐, 아직 자기를 대상화하지 못하기 때문이다.

반면 노예로 전락한 자 속에서 진정한 자기의식이 출현한다. 노예의 노동은 공포와 봉사의 계기를 거쳐 이루어진다. 노예는 주인의 공포를 통해 전전긍긍하면서 또 주인에 대한 봉사를 통해 자신의 육체성이 전적으로 해체되는 것을 경험한다. 노예 의식의 발전에서 더 결정적인 계기는 노동이다. 노예는 노동을 통해 자신을 대상화하면서 그 대상 속에서 자기를 자각하는 자기의식을 획득한다.

헤겔은 노예의 자기의식이 출현하는 데 관여하는 세 가지 계기의 상호작용을 다음과 같이 설명한다. 한마디로 말해 공포와 봉사의 매개 없이 노동만으로는 자기의식을 출현시키지 못한다는 것이다.

> 즉 봉사와 복종을 강요하는 훈육 없이는 공포란 한낱 형식적인 것에 머무르며, 결코 생존의 현실을 의식하는 것을 넘어서서 확산되지 못한다. 사물의 가공이 따르지 않는다면 공포는 내적 감정으로 머무르면서 침묵하게 된다. 이 경우 의식은 자기 자신에게 대상화되지 못한다. 의식이 만약 절대적 공포를

> 우선 경험하지 못한 채 사물의 형성에 나선다면 이러한 의식은 다만 허황된 자만일 뿐이다.(115쪽, 28~34행)

주인에 대한 공포와 봉사 아래 노예는 노동을 통해 자기의식을 자각했지만, 그는 주인의 지배 아래 있기에 이 자기의식조차도 실현하지 못한다. 그의 자기의식은 누구를 통해서도 인정받지 못하는 내적인 것에 머무른다.

역사를 발전시키는 것은 향락 속에서 욕구에 머무른 주인이 아니다. 노동을 통해 자각한 노예의 자기의식이 역사를 발전시킨다. 노동을 통해 자기의 자기의식을 내적으로 자각한 노예는 이 자기의식을 실현하려 나선다. 처음에 그의 자기의식은 내적 상태에 머무르며 여기서 다양한 철학이 출현한다. 이 내적 자기의식을 헤겔은 순수 사유라고 규정한다. 내적 자기의식은 스토아주의에서 회의주의를 거쳐 불행한 의식으로 발전한다. 마침내 법적 인격을 통해 내적 자기의식이 실현된다. 이를 통해 마침내 노예에게 자유가 허용된다.

불행한 의식

자기의식은 곧 자신이 대상을 지배한다는 자각이며 따라서 자신이 모든 것을 결정하는 주인이라는 자유의 의식이다. 이런 자유의 의식은 자기의식이 서로 인정되면서 법적 인격으로 확립된다. 이 과정을 매개하는 것이 스토아주의와 회의주의 그리고 불행한 의식이다.

스토아주의

스토아주의는 로마 시대 지배적인 철학 중의 하나였다. 스

스토아주의

스토아주의(Stoicism)는 그리스로마 철학의 한 학파이다. 스토아(stoa)란 주랑(柱廊)을 의미한다. 창시자 제논이 아테네의 한 '주랑(스토아)'에서 강의를 한 데서 연유한다. 스토아주의는 역사적으로 3기로 구분되어 기원전 3세기를 '고(古) 스토아' 시기(제논, 클레안테스, 크리시포스), 기원전 2~1세기를 '중기 스토아' 시기(파나이티오스, 포세이도니오스), 기원후 1~2세기를 '후기 스토아' 시기(세네카, 에픽테토스, 마르쿠스 아우렐리우스)라고 부른다. 이 스토아주의는 로마 귀족의 근본 사상이 되며 오늘날에도 서양에 커다란 영향을 미친다. 그들의 출신 계층과 직업도 상인의 자제, 고학생, 노예, 황제와 같이 다양했다.

토아주의는 자연 속에 고유한 로고스(질서)가 존재한다고 믿으며 인간의 삶 속에서도 로고스 즉 운명이 있다고 본다. 이 운명은 필연적으로 관철되므로 이를 따르는 것이 현명하다고 본다. 따라서 주관적인 감정에 흔들리지 않고 로고스를 따르는 삶 즉 아파테이아(냉담)가 최선의 삶이다.

헤겔은 스토아주의의 모순을 이렇게 파악한다. 스토아주의는 사유 즉 내적 자기의식만을 진리로 삼고 현실은 우연한 산물로 간주한다. 스토아주의는 우연한 현실을 자신의 진정한 삶에 무차별한 것으로 방임하면서 내적 자유와 외부 현실 사이에서 분열된다. 스토아주의의 자유는 사유 속에서의 자유이며, 실질적인 자유가 되지 못한다.

노예는 자신의 노예 상태를 주인에 대한 공포를 통해 수용

회의주의

회의주의는 아카데미 학파가 스토아주의로 기울자 아이시데모스가 이탈해 피론을 재소환하면서 만든 학파이다. 피론은 사물에 대한 판단 불가의 입장에서 마음의 평정을 중요시했다. 회의주의 학파의 실질적 창시자인 아이시데모스는 모든 논변을 반대하는 논변이 가능하다고 보며, 그중 어느 것도 판단하는 것은 불가능하며 모든 지식은 상대적이니, 어느 것에도 흔들리지 않는 평정이 중요하다 보았다. 피론을 이어 로마에서 아그리파가 등장해 회의주의를 로마의 대표적인 철학 사상으로 만들었다. 섹스투스 엠피리쿠스는 회의주의는 회의한다는 것조차 회의할 수밖에 없다는 것을 인정하게 되었다. 그러므로 회의주의는 독단을 부정할 때조차도 그런 부정조차 부정될 수 있다는 것을 자각하면서 표현해야 한다고 말한다.

한다. 스토아주의에서 노예는 자신의 노예 상태를 무차별한 것으로 방임하지만 결과적으로 노예 상태는 그대로 유지된다.

회의주의

회의주의는 스토아주의와 마찬가지로 헬레니즘 시대 그리스에서 출발했으나 로마에서 발전했다. 회의주의는 단순히 지식에 대한 회의에 머무르지 않고 살아가는 삶의 방식으로 발전했다.

회의주의는 구체적 내용을 지닌 모든 지식을 부정한다. 모든 지식은 하나의 독단이라는 것이다. 회의주의는 독단에 의존해서 살아간다면 불행한 결과를 얻을 수 있으므로 어떤 독단에도 의존하지 않는 상태에서 진정한 행복을 얻을 수 있다고 보았다. 이 상태가 곧 아타락시아(ataraxia) 즉 부동하는 평정심의 상태이다.

헤겔은 회의주의가 스토아주의의 발전이라고 말한다. 스토아주의에서 순수 사유에 대립하는 현실은 우연한 것으로 방임되었다. 회의주의에 이르러 외부 현실은 사유를 통해 부정된다. 스토아주의가 내적인 사유 속에서의 자유에 머물렀다면 회의주의는 현실을 부정하면서 스스로 자유를 확인하기에 이르렀다. 회의주의는 현실의 구속과 억압을 거부한다는 점에서 이를 자신에 무차별한 것으로 방임하는 스토아주의보다 발전된 형태이다.

그러나 헤겔은 회의주의 역시 모순을 벗어나지 못한다고 한다. 왜냐하면 회의주의의 부정은 실제 현실에서의 부정이 아니라 사유 속에서 일어나는 부정에 지나지 않기 때문이다. 현실적으로 그는 여전히 노예 상태에 머무르고 있다. 더구나 이 사유에서의 부정을 위해서는 부정되는 대상이 외부에서 주어져야 한다. 회의주의는 부정의 자유를 확인하기 위해 부정되는 대상을 요청하니, 역설적인 방식으로 현실을 인정하고 만다.

회의주의는 자기모순적인 의식이다. 그렇지만 이 모순 속에 회의주의의 진리가 숨겨져 있다. 회의주의는 현실이 그의 자유가 아님을 사유를 통해 확인하면서 그의 자유가 현실적으로 주어져야 한다고 믿으며, 이를 자각한다. 다만 회의주의는 현실 속에서 그런 현존을 실현할 정신적 힘을 지닌 것은 아니다. 회의주의는 자신의 자유를 현실에서가 아니라 피안에 설정한다. 이를 통해 불행한 의식이 출현한다.

불행한 의식과 기독교적 자유

자유의 실현은 현실적으로는 노예 상태가 역사적으로 사라지는 것을 통해 이루어진다. 어떻게 이 노예 상태가 사라질 수 있을까? 헤겔은 먼저 노예가 자신을 노예화했던 정신적 상태를 극복해야 한다고 본다. 앞에서 주인과 노예의 관계를 설명하면서 헤겔은 노예가 죽음을 두려워하면서 즉 육체성을 택하면서 노예화되었다고 한다. 그러므로 노예화의 극복을 위해서는 먼저 자신의 육체성을 포기해 정신을 해방하는 것이 필요하다. 헤겔은 이런 육체성의 포기가 기독교를 거쳐서 확립되는 것으로 본다.

· Concept Word ·

기독교

기독교는 그리스로마와 사유의 전통이 다르다. 그러므로 헤겔이 기독교를 스토아주의나 회의주의 다음에 집어넣는 것은 이상하게 보일지 모른다. 하지만 헤겔은 기독교의 출현에서 그리스로마의 사상이 끼친 영향을 강조한다. 헤겔은 유대교 신학자 가운데 필론에 주목한다. 그는 고대 학문의 도시 알렉산드리아에서 활동하면서, 사유의 일반자라는 개념을 유대교의 유일신 개념과 연결해 무한자의 구체적 현현이라는 생각에 이르게 되었다고 한다.

1) 불행한 의식

노예가 자신의 자유로운 현존을 피안 속에서 설정하면서 불행한 의식이 출현한다. 이 불행한 의식이란 구체적으로는 기독교 정신을 지칭한다. 이는 자유의 실현으로서 법적 인격이 출현하는 매개 고리가 된다. 이 과정을 간략하게 서술해 보자.

불행한 의식은 두 측면, 즉 내적 자유와 구체적 현존의 통일이다. 통일은 피안에서 일어나므로 현실에서 양자는 여전히 구분되어 있다. 불행한 의식은 그 가운데 피안의 세계를 본질적인 것으로 삼고, 현실의 세계를 비본질적인 것으로 삼는다.

이 불행한 의식은 곧 모순에 처하고 만다. 그는 피안에서의 자유에 머무를 수 없다. 왜냐하면, 그의 현실적 삶은 여전히 노예적 고통 속에 있으니 그는 피안에서 누릴 자유가 허망하다는 것을 알기 때문이다. 그렇다고 그는 현실을 변화할 수도 없으니 다시 피안을 갈망하게 된다. 불행한 의식은 어디에도 머무를 수가 없다.

2) 그리스도의 출현

헤겔은 기독교의 윤리와 종교적 실천에서 노예가 육체를 정화해 자신의 정신을 해방한다고 한다. 정신의 해방은 신과의 합일이라는 것으로 나타나는데, 기독교에서 이는 세 가지 계기를 통해 일어난다. 첫 번째 계기는 피안의 신과 현실의 인간 사이의 대립이다. 두 번째 계기는 신이 그리스도로 현실에 출현하는 것이다. 세 번째는 개별자가 자신의 현실을 지양해 신과 합일에 이르는 것이다.

우선 헤겔은 두 번째 계기 즉 그리스도의 수육을 정신적으로 해석한다. 그리스도의 수육은 곧 내적 자유를 현실적으로 실현해야 한다는 실천적 명령을 상징한다. 그러나 불행한 의식은 아직 신의 수육이라는 상징의 진정한 의미를 이해하지 못한다. 왜냐하면 그 진정한 의미가 상징적으로, 즉 인간의 탄생으로 표현된 것이기 때문이다. 불행한 의식은 그리스도 속에서 신을 보지 못하고 한 명의 인간을 볼 뿐이다.

3) 신앙의 계기

인간은 복음과 종교적 실천을 통해 마침내 그리스도의 의미를 이해하고 신과 합일에 이른다. 이것이 세 번째 신앙의 계기이다. 이 계기를 통해 불행한 의식은 육체적 욕망을 버리면서 그의 정신은 순수하게 정화된다.

헤겔은 이것이 바로 기독교에서 예수의 복음의 근본적인 의미라고 한다. "마음이 가난한 자에게 복이 있다"[6]라는 산상수훈에서 '마음의 가난'을, 헤겔은 육체의 정화를 의미하는 것으로 이해한다.

육체의 정화는 종교의 실천적 계기를 통해 완성된다. 이 계기는 기도와 고행, 자선 그리고 봉사이며 마침내 교회로 발전한다. 이 가운데 중요한 계기는 고행과 자선이다.

불행한 의식은 자신의 육체성을 포기하기 위해 금욕과 고행을 실천한다. 이 포기는 자신의 노동이 만든 산물을 자신의 산물이 아니라 신의 산물로 돌리는 데서 나온다. 불행한 의식은 사물이 노동을 통해 산물로 변화된다면, 그것은 자신의 힘이 아니라 신 자신이 그 자신을 양도하기 때문이라고 생각한다. 그러므로 노동의 산물은 신이 실현된 것이며 신성한 것이

6 「마태복음」 5장 3절.

다. 개인은 자기의 노동이 아니라 신에 대해 감사의 마음을 느낀다. 그는 노예 상태에서 느끼는 자신의 박탈감을 자신의 고행으로 간주하면서 여기서 신에 대한 감사의 마음을 느낀다.

그러나 감사의 마음은 불만의 마음을 잠재울 수 없다. 그는 노동의 산물이 반은 자신의 것이라는 생각을 버리지 못한다. 신은 자신의 단지 한 부분만을 선물로 양도했으나 불행한 의식은 고행을 통해 자신의 전부를 양도했다고 생각하므로, 불행한 의식은 자신의 육체성을 전적으로 포기하지 않는다. 감사하는 마음속에도 한편으로 욕망의 만족을 요구하는 마음이 사라지지 않는다.

헤겔은 육체의 정화는 최종적으로 교회를 통해 이루어진다고 본다. 불행한 의식은 자신을 교회에 맡기고 모든 산물은 교회를 통해 이루어지는 것으로 생각하면서 자신의 자만을 버리고 자신의 활동을 통해 얻는 현실적 만족을 전적으로 포기한다. 헤겔은 이 교회를 통해 불행한 의식은 자신의 육체를 정화하게 된다고 본다.

이를 통해 노예는 자신을 노예로 만든 전제 조건 즉 육체성을 극복하고 정신을 해방한다. 여기서 노동을 통해 내적으로 자각한 자기의식이 순전하게 드러나면서, 피안에 설정된 자유가 현실적으로 실현된다.

법적 인격의 출현

노예 해방은 실질적으로 로마가 무너진 것에서 실현된다. 로마 붕괴 이후 중세 봉건제가 등장하면서 적어도 부분적으로는 자유가 출현한다. 즉 예속농의 자유이다. 노예제 사회였던 로마를 붕괴시킨 것은 노예의 저항과 도주와 노예 획득의 부족, 즉 다양한 형태로 일어난 노예의 투쟁이다.

헤겔은 노예의 투쟁에서 실제 역사의 측면보다는 정신적 측면을 부각하려 했던 것으로 보인다. 즉 노예의 해방은 노예가 자신을 정신적으로 해방함으로써 이루어졌다는 것이다. 이 과정에서 헤겔은 육체의 정화를 외친 기독교 복음이 결정적 역할을 했다고 한다. 정신적 해방이 오래 준비되어 왔기 때문에 실제 역사에서 노예 해방이 이루어졌다는 것이다.

노예 해방으로 노예의 내면에서 자각된 자기의식, 즉 자유가 현실로 실현된다. 이 자기의식의 실현은 상호 인정을 통해 이루어지는 것이다. 여기서 만인에게 동등한 법적 인격이 출현한다.

하지만 법적 인격으로서 자유는 아직 형식적 차원에 머무른다. 즉 이때 자유는 자기 결정권으로서 자유일 뿐이다. 이 자유의 실질적 내용은 인격 자신에 고유한 것이 되지 못한다. 실질적 내용은 여전히 개인과 개인 사이의 힘의 투쟁을 통해 결정된다. 이 투쟁에서 최종적인 승리자가 곧 황제이다. 그 결과 개인에게 주어지는 실질적 내용은 황제의 힘을 통해 결정될 뿐이다. 개인은 일반적으로 인격으로서 인정되지만, 삶은 여전히 박탈당하고 있다. 왜냐하면 그의 삶을 결정하는 것은 황제이기 때문이다.

여기서 자유를 위한 새로운 투쟁이 시작된다. 그것은 곧 자신에게 정당한 몫을 위한 투쟁이며 이 투쟁은 사회적 정의의 투쟁이라고 볼 수 있으나 형식적 자유를 넘어서는 실질적 자유를 위한 투쟁이라고 볼 수도 있다. 이 실질적 자유를 향한 투쟁이 곧 이성과 정신에서 전개되는 투쟁이다.

관찰하는 이성

자연 속으로

흔히 지성은 판단하는 능력으로, 이성은 추론하는 능력으로 간주된다. 하지만 헤겔에서 그 의미는 다르다. 언급했듯이 헤겔에서 지성은 법칙을 발견하는 능력이다. 헤겔은 이성의 개념을 두 가지 법칙 사이의 관계로 본다. 여기서 서로 대립하는 것의 상호작용 관계가 확립된다.

이성 개념에 대한 자각은 법적 인격에서 시작한다. 앞에서

헤겔의 지성과 이성

헤겔은 이성의 개념을 '전면적으로 실재하는 것'으로 규정한다. 어떤 것은 타자와 관계 속에 있으니, 이 타자를 통해 부정당하면서 자신의 자립성을 유지할 수 없다. 이런 것은 불완전한 실재성을 갖는다. 어떤 것이 완전한 실재성을 가지기 위해서는 타자 속에서도 자기에 머무르는 것이어야 한다. 이 관계는 곧 어떤 것과 타자 사이에 상호작용 관계가 존재한다는 것을 말한다. 그러므로 이성 개념은 곧 상호작용 관계이다. 이미 법칙 자체가 내적으로는 이런 상호작용 관계이지만, 아직 법칙에서 이 상호작용 관계는 감추어져 있다. 거꾸로 상호작용 관계는 다시 하나의 법칙으로 단순화될 수 있다. 헤겔에서 지성과 이성은 상호 매개된다.

불행한 의식의 끝에 피안의 자유가 현실적으로 실현되면서 법적 인격이 실현된다고 했다. 여기서 자유의 질서가 수립된다. 나는 하나의 인격으로서 자립적이며 동시에 타인을 통해 인정받으며, 거꾸로 나는 자립적 타인을 하나의 인격으로 인정한다. 이런 의미에서 나의 인격은 개별적인 나이며 동시에 일반적인 나이다.

인격 개념은 다만 형식적인 자기 결정권만을 의미한다. 법적 인격을 통해 자기 결정권은 상호 인정되었지만, 무엇이 각 개인에게 정당한 몫인지는 아직 상호 인정되지 않았다. 그 결과 법의 세계에서는 자유로운 인격 사이에 폭력적 투쟁이 벌어지고, 그 최종 승리자로 세계의 주인인 황제가 출현했다.

헤겔은 법적 인격의 관계에서 처음 이성의 상호작용 관계를 발견한다. 상호 인정이란 곧 상호작용 관계이기 때문이다. 헤겔은 이런 이성을 실질적인 내용에서도 찾으려 한다. 이성이 찾으려는 것은 각자에게 정당한 몫이 주어지면서 구체적 내용에서조차 상호 인정되는 관계이다. 이 관계는 사회적으로는 정의의 질서이며(헤겔은 이를 '사태 자체'라고 규정한다) 각 개인에게서는 실질적인 자유이다.

이성은 자신의 개념인 대립하는 것의 상호작용 관계를 찾아 모험을 떠난다. 모험은 역사적으로는 중세 내내 계속되면서, 상호 교환 관계를 통한 자본주의 사회가 성립될 때까지 계속된다. 마침내 이성은 여기서 자신을 발견하게 된다.

이성이 자기를 발견하려는 모험은 두 단계에서 일어난다. 우선 이성은 자신을 먼저 자연 속에서(A절) 찾으려 한다. 물체적 자연(a소절)과 생물체(b소절), 이어서 인간의 신체(b소절)에서 자기를 발견하고자 한다. 그러나 이성은 어디서도 자신을 발견할 수 없었다. 마지막으로 이성은 인간 사회에서 즉 상호 교환이 이루어지는 사회 속에서(B절) 자기를 발견한다. 우리는 지면상 A절은 간략하게 다루고 뒷부분 B절에 주로 주목하자.

1) 자연을 관찰하는 이성

자연 속에서 자신을 발견하려는 이성의 모험은 자연 관찰

(A절)에서 시작한다. 이성이라면 곧 상호작용의 관계이다. 자연 속에서 이런 상호작용의 관계가 존재할까? 자연 즉 역학적 물체의 세계에서 모든 법칙은 상호작용 관계라는 조건을 충족하지 못한다. 그것은 개별적인 인과관계나 복잡한 인과관계에 그치기 때문이다.

이어서 헤겔은 생명체에서 이 같은 상호작용의 관계를 발견하려 한다. 그는 분류학의 법칙에 따라 즉 유기체와 환경의 관계 또는 유기체와 그것의 활동(먹이 활동이나 번식 활동) 사이의 관계를 살펴본다. 여기서 이성은 자신을 발견할 수 없었다. 그는 유기체 내부의 생명 기능(감수성, 활동성, 재생산성)과 유기체의 외적 조직(신경, 근육, 내장) 사이의 관계도 들여다보며 마지막으로 생명체의 종과 종 사이의 친연 관계에도 관심을 기울이지만, 그 어디에서도 상호작용 관계를 발견할 수 없었다. 생물체는 신진대사를 통해 자기를 재생산하는 본질을 갖고 있지만 이 신진대사의 활동은 환경 속에서 자신이 필요로 하는 요소를 우연히 발견하면서 이루어지기 때문이다. 그러므로 생물체에서 환경과 신체 조직 생명 사이에는 우연적인 관계만 존재할 뿐이다.

2) 인간 신체에 대한 관찰

관찰하는 이성은 b절에 이르러, 자연 관찰을 떠나 인간의 신체를 관찰하는 데로 나아간다. 여기서는 인간의 정신적 활동과 신체 사이의 관계가 주목된다.

먼저 헤겔은 정신의 내적 자기 관계(논리적 법칙), 정신의 구체적 활동 사이의 관계(심리적 법칙)를 살펴본다. 논리적 법칙은 관념과 관념의 형식적 관계를 다루는 것이니, 일종의 동어반복에 불과하다. 어떤 관념이 구체적 내용을 지닐 때 이 관념의 내용은 외적인 현실에서 주어지는 자극 대상을 반영한다. 이때 성립하는 것이 심리적 법칙이다. 관념과 외적 자극 대상 사이의 관계는 우연적일 수밖에 없다. 이 관계는 인과적 관계가 아니라, 의미론적 지시 관계이기 때문이다.

앞에서는 정신과 외적 현실과의 관계가 다루어졌지만, 이제 헤겔은 정신과 신체 사이의 관계를 다룬다. 헤겔은 여기서 관상학이나 두개골론과 같은 학문을 검토한다. 헤겔 시대 관상학과 두개골론은 진지한 관심의 대상이었다.

관상학은 정신적 활동과 그것을 표현하는 표정이나 거동 같은 것 사이의 관계를 다룬다. 표정과 거동은 손이나 눈 같은 운동수단이나 감각기관과는 구분되는 것이다. 표정이나 거동은 신체가 오직 정신을 표현하는 수단으로 사용되는 것을 의미한다. 관상론에서는 정신의 신체적 표현은 정신을 직접 표현하는 것인 만큼 진실하다고 본다.

헤겔은 신체적 표현 역시 의미론적 기호처럼 지시 관계를 갖는 한, 이 관계에서 상호작용의 관계를 찾을 수는 없다고 본다. 기호는 그것이 표현하는 것과 무관하게 독자적인 매체를 갖기에, 그것이 표현하는 것과 그 기호 사이에는 우연성이 개입할 수밖에 없다.

마지막으로 헤겔은 정신적 활동과 그것에 가장 근접하면서 그것을 에워싸는 두개골 사이의 관계를 살펴본다. 두개골론의 핵심은, 두개골이 정신 활동에 가장 근접한 신체라는 데 있다. 두개골론은 정신을 기능적으로 분할하면서 이 기능 가운데 어떤 부분을 특별히 많이 사용한다면 그 부분과 직접 접촉하고 있는 두개골 부분의 형태가 변화함으로써, 두개골의 형태가 정신이 지닌 특징을 드러낼 수 있다고 본다.

그러나 헤겔은 이 같은 추론을 비판한다. 그는 첫째, 정신의 기능은 유기적으로 연관되어 있으므로 기능별로 분할할 수 없으며, 그것에 따라 두개골 조직을 분할하는 것은 불가능하다고 한다. 또한, 그는 두개골이 정신에 근접한다는 주장도 비판한다. 두개골은 물질에 속하는 것이니 정신과 물질 사이에는 무한한 거리가 있으므로 양자 사이의 근접성이란 의미가 없는 것이다.

이성은 반영의 심리적 법칙이든 관상학이든 두개골론이든 어디서든 발견될 수 없었다. 이 모든 관계에서 한쪽에는 정신이 놓여 있고 다른 쪽에는 외적인 물질이 놓여 있다. 즉 심리적 법칙에서는 외부 대상이, 관상학에서는 신체 표면이, 두개골론에서는 두개골이 놓여 있다. 인간에게서 정신과 이런 물질의 관계는 인과관계가 아니라 지시 관계이니, 외적 물질은 그저 정신을 표현하는 수단일 뿐이다. 이 관계에서 정신이 물질을 규정할 수는 있지만, 물질이 거꾸로 정신 활동을 규정할 수는 없다. 그러니 그 어디서든 상호작용 관계는 있을 수 없다.

3) 무한판단

헤겔은 두개골론의 마지막에서 두개골론이 주장하는 것 즉 '정신이 곧 뼈다'라는 주장을 검토한다. 이 주장은 가장 내적인 정신을 가장 외적인 뼈와 일치시킨다. 이렇게 서로 모순된 것이 '이다'로 연결되어 서로 동일한 것으로 주장되는 판단은 형식적으로는 무한판단에 속한다.

헤겔에 따르면 이 무한판단은 이중적 의미가 있다. 첫 번째 의미는 지금까지 운동을 완성하는 것인데, 즉 이 무한판단은 이성의 갈망을 표현한다. 이성은 대립하는 것 사이의 상호작용 관계를 자연에서 찾으려 했다. 헤겔은 이 무한판단에는 '개념의 울부짖음'이 은폐되어 있다고 한다.

동시에 이 무한판단은 가장 모순적인 것을 직접 일치시키니, 이 일치가 근본적으로 불가능하다는 것을 보여준다. 무한판단은 직접 자기를 부정하면서 해소된다. 이것이 무한판단의 두 번째 의미이다.

이 무한판단에 이르러 마침내 자연 속에서 대립하는 것의 상호작용 관계를 발견하려는 시도는 포기된다. 이제 이성의 모험은 새로운 영역으로 나간다. 이 새로운 영역은 개인의 상호작용을 통해 산출하는 사회이다.

사회 속으로

1) 사회의 발전

이성의 원리는 대립하는 것의 상호작용 관계이다. 앞에서 이성은 자연 속에서 이 관계를 발견하는 데 실패한다. 이성은 이제 사회 속에서 이를 발견하려 한다.

처음 사회는 자연적으로 형성된다. 개인은 관습적인 질서 즉 습속의 지배를 받는다. 자연적 질서를 벗어나 개인이 자신의 자유를 자각하면서 인격과 인격 사이에는 무한한 투쟁이 벌어지며 그 결과 폭력이 지배하는 사회가 형성된다. 이것이 법적 상태이다.

중세 말 자본주의가 발전하며 교환 관계가 사회에 전면적으로 실현된다. 여기서 개인의 욕구 충족은 타자의 욕구 충족을 가능하게 하며 나의 욕구 충족은 타자의 욕구 충족을 통해 가능해진다. 개인의 노동은 만인을 위한 노동이며, 나는 만인의 노동을 통해 살아간다. 그 결과 개인은 전체를 위해 자기를 바치며 전체를 통해 자신을 돌려받는다. 모든 것은 상호작용의 관계에 있다.

이때 이르러 인간은 사회를 자신이 만든 것으로 발견하며 사회 속에서 자신의 정당한 몫이 무엇인지를 알게 된다. 여기서 개인은 자신의 실질적 자유와 사회적 정의를 인식한다.

헤겔은 이 과정을 사회적 교환 관계가 출현하기 이전(B절)과 교환 관계가 출현해 정의 질서가 형성되는 과정(C절)으로 나눈다. 헤겔은 자연적으로 출현하면서 개인에 대립하는 사회를 '인륜적 실체'라 하고, 사회적 상호작용을 통해 출현해 개인과 합일에 이른 사회를 '정신적 본질'이라 한다.

개인과 인륜적 실체의 관계를 B절('이성의 자기실현')에서는 다시 세 단계로 나누어 설명한다. 첫 번째 단계가 쾌락과 운명의 관계이며 두 번째 단계가 심정 법칙과 현실 법칙의 관계이며, 세 번째 단계가 덕과 세속의 관계이다. 이 세 가지 단계에서는 아직 사회적 교환 관계가 발전하지 않았을 때이다. 여기서 사회는 자연적인 습속의 힘이거나 아니면 폭력에 의해 지배되며 사회는 우연적인 필연성이나 현실의 법칙 또는 세속으로 나타난다.

2) 자기 실현으로서 이성의 개념

헤겔은 인륜적 실체가 처음에는 습속으로 등장한다고 본다. 여기서의 정의는 한 민족의 삶 속에서 형성되는 자연적인 정의이며, 민족의 관습을 통해 정해진다. 개인은 이런 습속을 의심 없이 당연한 것으로 받아들인다.

이 인륜적 실체는 개인이 자기를 자각하면서 무너진다. 이제 각 개인은 자기의 욕망을 추구하면서 타자와 대립하는 관계 속으로 들어가게 된다. 이는 폭력이 지배하는 관계이다.

개인은 자신의 쾌락을 찾아 사회 속에 뛰어든다. 그는 자신이 추구하는 것을 우연히 발견할 뿐이다. 그는 행운을 얻어 행복에 이를 수도 있으나, 대개는 불운하게도 파멸한다. 이 같은 우연성 때문에 그는 마침내 그가 알 수 없는 어떤 힘, 필연적인 힘이 현실을 지배한다는 것을 발견한다. 이것을 흔히 운명이라 한다.

이 운명은 그가 알지 못하기에 그에게는 아무 내용이 없는 공허한 필연성으로 등장한다. 다시 말해 그것은 "거기에 있는 것으로서 직관되는 절대적이고 순수한 개념"이다. 그것은 그에게 절대적으로 낯선 것이다.

이 부분에 관한 헤겔의 서술은 아마도 쾌락주의 철학자 에피쿠로스와 연관되는 것으로 보인다. 에피쿠로스는 원자론자이지만 허공을 도입해 원자 운동을 설명하려 했다. 허공이 운동의 원인이므로 운동은 우연적일 뿐이다. 그는 삶은 쾌락을 추구하지만 이 쾌락은 우연의 세계 속에서 불운에 부딪히므로, 차라리 고요한 평정 속에 머무르는 것이 좋은 삶이라 보았다.

3) 심정의 법칙과 현실의 법칙

운명 앞에서 몰락한 개인은 자기를 반성하면서 주관적인 목적이 아니라 일반적인 목적을 추구한다. 즉 이 목적은 여러 사람이 공통으로 추구하는 목적이다. 개인은 그 목적이 자신의 목적과 일치하므로 그것을 추구한다. 이 목적은 아직 진정한 일반적 목적, 정의는 아니다. 그것은 그저 추상적인 공통성에 지나지 않는다.

그런데도 개인은 추상적 목적을 정의의 법칙으로 생각하니, 헤겔은 이를 '심정의 법칙'이라 한다. 심정의 법칙은 자신의 법칙이 만인의 법칙이라고 생각하며 자신의 쾌락이 곧 만인의 쾌락이 된다고 본다. 그는 심정의 법칙이 자신의 탁월함을 드러내는 것이고 인류의 행복을 산출하는 것으로 여긴다.

심정의 법칙에 대립하는 것은 마찬가지로 심정의 법칙이지만 현실의 투쟁에서 승리하면서 현실의 법칙이 된 것이다. 이것은 앞에서 말한 공허한 운명과 구분되는 실정적 폭력의 지배를 말한다.

여기서 심정의 법칙과 현실의 법칙 사이의 대결이 이루어진다. 심정의 법칙은 현실의 법칙을 거부한다. 그것을 통해 자기의 목적을 이룰 수 없기 때문이다. 그가 추구하는 심정의 법칙이 우연히 승리하면 그의 법칙이 현실의 법칙이 될 수 있다. 이 경우 심정의 법칙은 자신의 법칙이 올바른 것이기 때문에 승리한 것으로 생각한다. 만일 자신의 법칙이 패배한다면 부당하게 패배한 것이며, 심정의 법칙은 현실의 법칙을 그 내용은 어떤 것이든 간에 거부하면서 그것을 사라져야 하는 하나의 허위이며 가상으로 여긴다.

헤겔은 이런 심정의 법칙을 비판한다. 심정의 오만은 스스로 모순에 빠진다. 심정의 법칙은 주관적인 것이므로 마찬가지로 타인의 심정 법칙에 부딪히기 마련이다. 이 충돌의 결과는 항상 자신이 기대했던 것과 대립하는 것으로 출현한다. 사실 낯선 결과는 그 자신이 주관적이었기 때문에 나온 결과이니 그의 산물이다. 그런데 심정의 법칙은 현실의 법칙을 그에게 낯선 것으로 생각하니, 심정의 법칙은 자신의 결과를 자신이 부정하는 모순을 범한다.

헤겔은 심정의 법칙이 결과적으로는 착란에 빠진다고 한다. 착란이란 본질과 비본질, 현실과 비현실이라는 모순적 술어를 동시에 주장하는 것이다. 심정의 법칙은 현실의 법칙이 자기 자신인데도 자기에 낯선 것이라고 주장하면서 이 착란에 빠진다. 착란 가운데 심정의 법칙은 몰락하면서 덕과 세속의 관계로 이행한다.

이 같은 심정의 법칙과 현실의 법칙 사이의 투쟁은 역사적으로 어떤 배경을 갖는지 명확하지 않다. 필자의 짐작으로 중세 12~13세기에 걸친 교황과 황제, 교권과 세속권 사이의 갈등을 반영하는 것으로 보인다.[7]

---

7 이 점에 관해서는 헤겔, 『역사철학 강의』에 나오는 다음 구절을 참조하라. "그리스도 교회에서 훌륭한 선행으로 여겨지는 모든 것이 완전한 도착에 빠지고 말아 외면적으로 들이대어진 요구를 외면적으로 수행하는 것이 되었다. (……) 정신의 원리와 세속 원리의 절대적 괴리가 이 도착에 결부된다. 신의 왕국이 둘로 갈려 하나가 심정과 인식 속에 있는 지적인 왕국, 또 하나가 세속 생활을 소재와 토대로 하는 공동체이다."(헤겔, 『역사철학 강의』, 동서문화사, 369쪽)

4) 덕과 세속

가) 덕과 세속의 개념

덕은 이제 자신의 주관성 법칙을 지양하면서 현실적 법칙을 수용하며 이를 자신의 목표 즉 일반적 선으로 삼는다. 그러나 덕에서조차 선을 선택하는 개인의 인격성 즉 자아는 여전히 남아 있다. 그는 어쩔 수 없는 현실을 그 자신이 선택한 것으로 믿는다. 덕은 두 가지 모습이 있다. 그것의 표면은 일반적 선이면서 그것의 이면은 개인적 자아이다.

이와 대립하는 것은 세속이다. 세속은 심정의 법칙들 사이의 투쟁이 벌어지는 현실을 말한다. 세속 속에서 어떤 심정의 법칙은 다른 심정의 법칙과 충돌하면서 서로 상쇄된다. 여기서 만인은 적대 상태에 있으며, 상호 상쇄의 유희가 벌어진다.

세속은 두 가지 모습이 있다. 표면에서 그것은 개인이 서로 대립하면서 모두가 몰락하는 아수라판의 모습이다. 이면에는 이런 가운데 진정한 정의의 질서(일반적 선)가 고요하게 머무른다. 그것은 마치 촛불이 끊임없이 타오르면서도 고요하게 자신을 유지하는 것과 같다.

덕과 세속은 이중적인데 이 이중성은 서로 반대로 관계한다. 덕에서는 일반적 선이 본질적이며 세속에서는 개인적 자아가 본질적이다. 덕의 이면에는 개인의 자아가 남아 있고 세속의 이면에는 일반적 선, 정의가 고요히 유지된다.

나) 덕과 세속의 투쟁—선의 측면에서

덕과 세속의 투쟁은 어떤 모습을 취할까? 헤겔은 이 투쟁을 먼저 일반적 선의 실현이라는 측면에서 살펴본 다음 개인적 자아의 측면에서 살펴본다.

덕은 자신이 일반적 선을 실현하려 한다고 생각한다. 선은 목적에 지나지 않으므로, 그것은 개인적 자아를 통해서만 실현될 수 있다. 이 개인적 자아는 욕망의 힘을 바탕으로 한다. 이처럼 개인적 자아가 요구되는 한, 개인은 순수한 덕에 도달할 수 없다. 덕의 선은 끊임없이 다가갈 본래적 선이며 목적으로만 존재한다.

반면 세속은 개인적 자아 사이의 투쟁으로 이루어져 있으나 세속에서 개인은 결국 패배하고 만다. 소용돌이치는 세속 가운데 일반적 선, 즉 정의가 현실화한다. 세속에서 선은 각 개인의 자아와 상관없이 실제로 실현된다.

여기서 헤겔은 덕과 세속의 싸움을 '거울 기사와의 싸움(Spiegelspielerei)'에 비유한다. 덕 자신은 선을 목적으로 하고 결국 선이 승리한다고 믿는다. 덕은 굳이 세속과 싸우지 않더라도 자신이 이길 수 있다고 생각한다. 즉 선이 자기 편이기 때문이다. 그러므로 그는 투쟁에 진지하게 임하지 않는다.

또한 덕은 세속과 싸울 필요가 없다고 본다. 그가 투쟁의 칼로 베려는 것은 세속에서 나타나는 개인적 자아인데, 이 개인적 자아는 다름 아닌 자신에게도 발견되므로, 그의 칼은 자칫하면 자기를 베게 된다. 자신은 자기를 선이라고 생각하기 때문에, 자기를 벤다는 것은 곧 선을 베게 되니, 그는 자기의 선을 보존하고 자기를 베지 않도록 적인 세속과 싸움 자체를 피하게 된다.

세속 속에 일반적 선은 이미 실현되고 있으니 세속은 해칠 수도 없다. 그런데도 덕은 이를 희생시키려 한다. 덕이 최종적으로 희생시키는 것은 실현된 선 자체이고, 그 희생이 있고 덕에 남은 것은 다만 추상적인 목적의 선뿐이다.

그러므로 덕은 세속과 싸우려 하지 않는다. 덕은 자기의 칼을 보존하기 위해 적과 싸움을 포기한다. 그는 심지어 적의 칼조차 보존하려 한다. 그의 칼이나 적의 칼은 모두 그가 투쟁에서 얻어야 할 목적 즉 일반적 선이기 때문이다.

다) 덕과 세속의 투쟁—개인성의 측면에서

헤겔은 이어서 개인적 자아의 측면에서 덕과 세속의 싸움을 서술한다. 개체적 자아는 덕과 세속에서 서로 다른 의미를 지닌다. 덕의 경우 개인적 자아는 일반적인 선을 실현하는 도구이다. 반면 세속에서 개인적 자아는 자기 자신의 이익을 실현하는 수단일 뿐이다.

덕은 세속의 개인적 자아를 자기와 같은 선의 실현으로 보지만, 세속은 덕의 개인적 자아를 어디까지나 자기 이익을 실현하는 수단으로 본다. 결과적으로 세속은 자신에 대한 덕의 비난을 덕에 되돌려줄 수 있으나, 거꾸로 덕은 세속을 옹호할 수밖에 없다. 그러니 이 싸움에서 승리자는 세속이다.

세속의 원리는 개인적 자아이니 자기 이익을 위해 거리낌 없이 타자를 부정한다. 이 노골성 앞에서 누구도 자기를 감출 수 없다. 덕은 선의 원리에 충실하면서 개인적 자아의 힘을 마음대로 발휘하지 못하지만, 세속은 개인적 자아의 힘을 충분하게 발휘하니 이 싸움에서 덕은 한 손을 묶어놓고 싸우는 기사와 같다.

덕이 기대하는 힘은 곧 선이 자기를 실현하는 힘을 가진다는 것이다. 이 힘이 세속의 배후를 기습할 것으로 기대한다. 하지만 세속은 결코 이런 기습에 무너지지 않는다. 그는 선이란 우스꽝스러운 족쇄로 여길 뿐이니 선이 배후에서 습격하더라도 당황하지 않는다.

거꾸로 덕이 기대하는 선은 개인적 자아를 통해 실현되니, 그것이 실현된다면 이미 세속화된 것이다. 그러니 덕은 세속의 놀림감에 불과하다.

이 같은 덕과 세속의 투쟁은 15~16세기 르네상스 시기에 등장한 마키아벨리즘을 연상시킨다. 헤겔은 『역사철학 강의』에서 마키아벨리즘에 관해 다음과 같이 서술한다.

> 마키아벨리가 유일하고도 완전히 올바른 수단으로서 제시하는 것은 무자비한 폭력 행위와 온갖 기만과 살해를 포함하기 때문에 그 점에서 볼 때 그 수단은 우리의 자유 개념과는 도저히 양립할 수 없다고 말할 수 있는데, 한편으로 또 그렇게 해서 타도되는 영주들은 용납할 수 없는 파렴치와 완전한 부도덕이 뼛속까지 배어 있기에 이를 쓰러뜨리기 위해서는 그와 같은 공격을 가하지 않을 수 없다는 것도 인정해야 한다.[8,9]

---

8 헤겔, 『역사철학 강의』, 동서문화사, 389쪽.

9 예를 들어 디드로의 소설 『운명론자 자크와 그의 주인』에 나오는 한 에피소드에서 덕을 지닌 라 폼므레 부인과 욕망을 노골적으로 드러내는 아르시스 후작 사이에 투쟁이 벌어진다. 라 폼므레 부인은 배신감을 느끼면서 아르시스 후작을 파멸하기 위해 음모를 꾸미다가 도리어 파멸하며, 세속적 욕망을 지닌 아르시스 후작은 오히려 덕을 깨닫는다. 이런 반전은 헤겔이 설명하는 세속과 덕이 투쟁하는 모습과 닮았다. 이 에피소드는 최근 엠마뉴엘 무레 감독의 영화 〈마드모아젤 드 종키에르〉(2018)로 각색되었다.

라) 이행

결국 덕이 세속과 투쟁한다는 말은 무의미한 상투어에 불과하다. 왜냐하면 이런 덕은 고대의 덕과 같이 실체에 바탕을 둔 것이 아니고 다만 추상적 목적 즉 관념이나 말 잔치에 지나지 않기 때문이다. 헤겔은 이런 덕이 무의미하다는 것은 덕에 대한 호소가 권태로움을 자아낸다는 사실에서 분명하게 인정되고 있다고 말한다.

그에 반해서 세속의 개인성은 그 자신의 몰락을 통해 오히려 진정으로 선을 실현하므로, 세속이야말로 진정으로 선을 실현하는 힘을 가지고 있다.

근대 사회의 출현

정신적 동물의 왕국

1) 개체성의 운동

앞에서 덕은 세속과 투쟁했으나, 이런 세속은 자본주의적 교환 관계가 발전하면서 본격적으로 출현한다. 교환 관계가 제한적으로 출현하는 시기에는 아직 가치에 따른 교환의 법칙이 성립하지 않는다. 이 시기 교환은 기만적으로 교환될 뿐이다. 이런 불완전한 교환 관계에서는 주관적 가치와 사회적 가치가 대립하면서 무엇이 진정한 가치인지 구별되지 않는다.

여기서 교환 관계가 충분히 발전하여, 마침내 일반적 선, 정의의 개념이 실현되는 운동이 일어난다. 이 운동이 곧 '개체성'의 운동이다. 마침내 이 운동이 완성에 이르면, 여기서 이성은 자기 자신을 발견한다.

이성의 개념은 대립하는 것의 상호작용 관계라는 개념이었는데, 이 개념에 적합한 사회 즉 상호 교환 관계에 기초한 사회가 출현한 것이다. 사회가 자연적 상태에 머무를 때 헤겔은 이를 '인륜적 실체' 또는 '사태 자체'라 했다. 이제 상호작용 관계가 되면서 사회는 개인의 산물이 되니, 이 사회를 헤겔은 '정신적 본질'이라 한다.

헤겔은 정신적 본질이 출현하는 과정을 세 단계로 구분한다. 첫 번째 단계가 상호 기만이 이루어지는 '정신적 동물의 왕국'이며, 두 번째 단계는 현존하는 법을 수용하는 단계다. 마지막으로는 형식적인 검증을 통해 구성되는 법이다. 헤겔은 이런 단계 어디서도 정의의 법은 출현하지 않는다고 본다. 실제 역사 속에서 자본주의적 교환 관계가 발전하면서 마침내 세속이 완성되고, 정의의 법이 출현한다. 헤겔은 마지막 과정을 이성 장에서 언급하지 않고 정신 장 서두에서 언급한다.

2) 사회적 교환 관계

사회적 교환 관계에서 개인의 활동에는 이중성이 있다. 한편으로 개인의 활동을 형식 측면에서 본다면, 개인이 지닌 목적(의도)은 현실의 산물로 된다. 이 산물은 아직 사회적 교환 관계에 들어가기 이전의 것이며 주관적인 가치를 지닌다. 개인은 이런 주관적 가치를 지닌 산물을 자신의 것으로 자각하니, 개인은 여기서 자기를 실현하면서 자유를 느낀다.

다른 한편으로 개인의 산물은 사회적 교환 관계 속에서 재규정된다. 그 산물이 지닌 주관적 가치는 교환 관계 속에서 사회적으로 규정된 가치로 전환한다. 충분히 발전된 교환 관계에서 이 사회적 가치가 정의, 일반적 선이 될 것이다. 반면 아직 불완전한 교환 관계에서 사회적 가치는 개인이 기대하는 주관적 가치와 다른 것이므로 그것은 그에게 낯선 것이다. 개인은 사회적 가치에 대립하며 그 속에서는 부자유를 느낀다.

여기서 혼란이 발생한다. 개인은 주관적 가치(목적이나 산물)를 진정한 가치라 여기며, 타인은 사회적 가치를 진정한 가치라 여긴다. 여기서 서로 기만하고 기만당하는 소위 정신의 동물적 왕국이 전개된다.

3) 성실한 의식

여기서 헤겔은 '성실한 의식'이 등장한다고 말한다. 헤겔은 대상에서 주관적 가치(목적과 산물)와 사회적 가치가 대립하고 있을 때, 이 대립하는 계기 어느 것에서도 자기 자신을 발견하면서 자기만족에 빠지는 의식을 성실한 의식이라 한다.

성실한 의식은 자신이 대상을 의욕했다는 사실만으로도 그 대상은 그가 실현한 것이며, 그것은 설혹 이 대상이 자기의 목적을 부정하더라도 마찬가지다. 그는 실제 아무 일도 하지 않고 대상에 대해 자기가 관심을 지닌 것만으로도 이미 그것을 그가 실현한 것으로 간주한다. 그는 심지어 대상을 의욕함이 없이 그저 그의 행위가 스쳐 지나갔다는 것만으로 위안을 얻으며, 그가 타인에게 무언가 행동하도록 촉발했다는 사실로 이미 만족하고 심지어 대상이 그의 눈앞에 있다는 것만으로도 대상은 그의 것이 된다.

그는 만일 그중 한 계기에서 자신을 발견하지 못하면 다른 계기 속에서 그 자신을 실현한다고 확신한다. 성실한 의식은 그중 하나의 계기를 자기의 것으로 간주했다가 곧 이를 망각하고 다른 계기를 자기의 것으로 간주한다. 성실한 의식은 항상 자기만족에 도달한다. 그는 항상 세상에 관해 긍정적이다.

성실한 의식은 어떤 점에서는 루쉰의 소설 『아Q정전』에 나오는 아Q를 닮았다. 아Q는 자신의 패배도 자신이 패배를 선택한 것이라고 하면서 이를 승리로 만들 줄 아는 정신 승리자이다. 성실한 의식과 좀 더 닮은 자는 유아적 사유를 가진 자가 아닐까? 유아적 사유를 가진 자는 나르시시즘에 걸려 있다. 그는 세상 모든 것이 곧 자신의 것이라 생각한다.

4) 정신적 동물의 왕국

성실한 의식에서는 각 계기가 분리되어 있다. 성실한 의식은 각 계기가 소멸되고 지양되는 것에 불과하며, 하나의 계기 속에 이미 다른 계기가 내재하고 있다는 것을 발견하며 이를 통해 다른 계기로 이행한다.

그 결과 성실한 의식은 하나의 계기와 다른 계기를 차례로 교대로 내걸어놓게 된다. 이 가운데 성실한 의식은 한 계기는 자기의 본질로 간주하고 다른 계기는 타인에 대해 외면적으로 내걸어놓는다. 성실한 의식은 다음 순간 다시 이를 뒤집어 다른 계기를 자신의 본질로 간주하며 처음의 계기를 타인에게 내걸어놓는다.

성실한 의식의 이런 활동 때문에 타인은 기만당한다. 성실한 의식이 이기적 목적을 본질로 여기면서 일반적 선을 위해 활동한다고 내걸어놓자, 타인은 그가 정말로 일반적 선을 위해 활동하는 것으로 생각한다. 타인은 이 일반적 선은 그 자신을 위한 것이기도 하므로 성실한 의식을 진심으로 돕는다.

이 기만은 곧 폭로되고 만다. 성실한 의식은 일반적 선을 위해 활동했다고 말하지만, 자신의 이익을 감출 수 없으니, 타인은 성실한 의식이 오직 자신을 위해 활동한 것뿐이라는 사실을 경험한다. 타인은 기만당했다는 느낌을 받는다.

여기서 기만하는 성실한 의식 자신이 거꾸로 기만당하는 역설이 벌어진다. 타인은 그를 일반적 선을 위해 돕는다고 말하지만, 타인의 도움은 그저 자신을 위한 것일 뿐이다. 타인은 사실 자기 것의 실현에 관심을 가지면서 마치 일반적 선을 위해 돕는다고 말하니, 타인 역시 마찬가지로 기만한다.

이제 성실한 의식은 자신이 사실은 자기를 위해 노력한 것이라는 사실을 인정하면서 타인 역시 타인 자신을 위해 노력한다는 것을 인정한다. 그러나 성실한 의식은 여기서도 다시 기만을 범한다. 성실한 의식은 자기의 것을 추구하는 것으로 보이지만 사실 사회적 교환 관계에서 그는 자기가 알지 못한 사이에 일반적 선을 추구한 것이다. 타인 역시 이기적으로 활동하지만, 그 역시 자기가 일반적 선을 위해 일하고 있다는 사실을 모른다. 그들은 자기도 모르는 사이에 서로 기만을 범하고 있다.

헤겔이 말하는 이 기만하고 기만당하는 관계는 사회적 교환 관계에서 실제로 벌어지는 일을 모델로 한 것으로 보인다. 이런 교환 관계 속에서 주관적 가치와 사회적으로 규정된 가치가 분리되어 있다. 사회적 가치를 결정하는 것은 보이지 않는 시장이다. 그러므로 판매자는 고객에게 비싸게 팔면서도 싸게 판다고 말한다. 그는 속으로 비싸게 팔았다고 생각하지만 실제로는 자기도 모르는 사이에 싸게 팔고 만다. 이것은 고객도 마찬가지이다. 그는 싸게 샀다고 생각하지만, 사실은 비싸게 샀으며, 거꾸로 비싸게 샀다고 생각하지만 실제로는 싸게 산 것이다.

헤겔은 이처럼 사회적 교환 관계 속에서 각자가 타자를 기만하고 또 타자를 통해 기만당하는 관계를 '정신의 동물적 왕국'이라 규정했다. 이 동물적 왕국은 초기 자본주의 사회에서 기만과 약탈이 만연한 모습을 반영하는 것으로 보인다.

5) 객관적 법의 출현

성실한 의식에서 주관적 가치와 사회적 가치가 분리되면서, 상호 기만이 일어난다. 법은 일정한 기준을 세워 사회적 가치를 확립하면서 이를 정의로 공포한다. 이 사회적 가치를 규제하는 기준이 곧 법이다. 개인은 자신의 가치를 법을 통해 실현한다. 하지만 아직 법은 공정한 정의는 아니다. 이제 공정한 법을 찾는 운동이 일어난다.

법칙 발견적 이성

헤겔은 정의로운 법을 인륜적 실체라 한다. 인륜적 실체가 존재하는 최초의 방식은 곧 현존하는 법이다. 이것은 이미 현실적으로 존재하는 법이다. 헤겔은 현존하는 법을 수용하는 이성을 법칙 발견적(Gesetzgebende) 이성이라 한다.

이런 법칙 발견은 이미 자체 내 모순이다. 현존하는 법이 타당하다면, 이는 특정한 법이 일반화되는 것이니, 모순적이다. 이 모순은 그런 법을 실천하는 데서 곧장 드러난다. 실천하는 경우, 특정한 법은 특정한 경우에만 타당하다는 것이 밝혀진다. 법이 특정한 경우에만 타당하다면 이는 모두가 인정하는 정의의 법이 되지 못한다.

법의 일반성을 확립하기 위해 내용의 특정성을 제거하면 형식적인 법만 남는다. 그런 법은 동어반복적인 법이며 이런 법은 법의 의미와 충돌된다. 내용이 없는 법은 사회적 정의를 규제하지 못하기 때문이다. 사회적 정의를 규제하기 위해서 법은 구체적 내용을 지녀야 한다. 그러나 구체적 내용을 지닌다면 그것은 일반적으로 인정되기 어렵다.

결국 현존하는 법은 자기모순이다. 여기서는 법의 일반적 형식과 특정한 내용 사이의 모순이 존재한다. 모순을 넘어서기 위해 법의 내용은 그 형식을 통해서 구성하면 되지 않을까?

법 검증적 이성

이제 법을 형식에 기초해 그 내용을 얻으려는 방식을 검토해보자. 이런 방식은 칸트가 도덕철학에서 도덕법칙을 구할 때 사용했던 방식이다. 법의 형식 자체가 법의 구체적 내용을 결정한다는 생각이다. 법의 형식이 무모순성에 있다면 법의 어떤 내용은 그 형식에 맞을 수 있고 어떤 내용은 그 형식을 위배한다. 이렇게 법의 형식을 통해 내용을 규정하려는 것을 헤겔은 법 검증적 이성이라 한다.

그러나 법 검증적 이성은 곧 자가당착에 빠지고 마는데, 어떤 법이라도 현실 속에서 모순을 범할 수도 있고 그렇지 않을 수도 있기 때문이다.

예를 들어 소유제도의 하나인 무소유를 보자. 흔히 무소유는 모순이라 하지만, 그것은 소유는 누군가에 의해 사용되어야 하기 때문이다. 즉 누군가 소유하지 않으면 소유는 존재하지 않는다. 그러므로 무소유는 소유 개념과 모순된다는 것이다. 그러나 무소유를 아무도 소유하지 않는다는 의미가 아니라, 누구라도 필요한 자가 사용할 수 있는 것이라는 의미로 해석한다면 무소유가 모순된다고 볼 수 없다. 이것은 소유 역시 마찬가지다. 소유는 흔히 모순이 없다고 하지만 헤겔은 이조차 모순이 될 수 있다고 본다. 나의 소유는 타인의 인정을 요구한다. 이는 나와 타인이 동등하다는 것을 전제로 한다. 하지만 소유는 타인을 배제하는 것이니 그 자체로 모순된다.

이상 소유의 예에서 보듯이 무모순성이라는 형식은 법이 어떤 내용을 가지든 똑같이 적용되거나 적용되지 않으니, 이는 법을 검증하는 척도라 할 수 없다. 헤겔은 이론적 인식에서는 모순율이 나름대로 역할을 하지만 실천적 이성에서는 모순율 이상의 것이 요구된다고 말한다.

이상에서 헤겔은 정의로운 법을 찾는 길을 살펴보았다. 정의로운 법을 찾으려는 정신적 운동은 헤겔이 중세 말에 등장한 다양한 입법 논쟁을 염두에 둔 것으로 보인다. 논쟁으로 대표적인 것이 영국 왕 헨리 8세가 벌인 입법 논쟁이다.[10]

이 논쟁에서 항상 두 가지가 대립했다. 하나는 전통적인 법

---

10 그는 영국의 절대왕정을 확립하면서 많은 논쟁을 불러일으켰다. 왕비인 캐서린과 이혼하는 문제, 수장령을 공포해 국교를 창립하는 문제, 자본주의 체제를 정비하는 문제, 웨일즈를 통합해 통일국가를 창립하는 문제 등이 있었다.

을 옹호하는 구세력의 관점이며 다른 하나는 전통적인 법의 모순을 찾아내 폐기하는 신흥세력의 관점이다. 헤겔은 전자를 법 발견적 이성으로, 후자를 법 검증적 이성으로 규정한 것으로 보인다. 그 결론은 정의의 법은 직접 현존하는 것도 아니고, 형식적으로 구성되는 것도 아니라는 것이다.

헤겔에 따르면 정의로운 법은 사회적 교환 관계가 충분히 발전하게 되면 사회적으로 출현한다. 즉 이 교환 관계는 사물의 고유한 가치에 의해 규정되므로, 이를 통해 마침내 구체적 법 즉 정의가 출현한다.

여기서 헤겔의 한계가 눈에 띈다. 헤겔은 교환 관계가 충분히 발전된 사회에서 불평등이 존재한다는 사실을 모르지는 않았다. 하지만 그는 이 불평등이 교환의 질서에서 본질적인 것은 아니라고 보았다. 만일 이 사회에서도 현실적으로 불평등이 존재한다면 헤겔은 그것을 교환 관계에서 출현한 사회정의가 소외된 방식으로 출현하기 때문이라고 보았다. 현실 속에서 개인은 정의를 자신의 목적으로 실행하지 않고 주관적 욕망에 따라 살아가니, 이 가운데 정의가 현실을 지배해도 이는 장기적으로 지배할 뿐이며 단기적으로 현실은 부단한 동요 속에 있다. 그 결과 불평등이 단기적으로 출현한다.

그러므로 정신의 발전 과정에서 새로운 과제가 출현한다.

즉 불평등을 극복하기 위해서는 개인이 자신의 주관적 욕망을 극복해 사회정의를 자신의 목적으로 수행해야 한다. 정의를 목적으로 삼는 의지가 곧 도덕적 자유의지이며, 달리 말하자면 형식적 자유의지를 넘어선 실질적인 자유의지이다. 자유의지를 통해 마침내 정의가 현실 속에서 굳건하게 자리잡으면 사회적 불평등 역시 해소될 것이다. 하지만 실질적 자유의지는 어떻게 출현하는 것일까?

헤겔은 형식적 자유의지가 역사적 투쟁을 통해 실현되었다고 했듯이 실질적 자유의지 역시 역사적 투쟁을 통해 마침내 출현한다고 말한다. 도덕적 자유의지가 출현하는 과정이 이제 정신 장에서 다루어진다.

인륜적 정신

정신의 개념

앞에서 이성은 이성의 원리 즉 상호작용의 관계를 현실 속에서 발견하는 과정이었다. 마침내 사회적 교환 관계가 발전하면서, 이성이 출현한다. 그러나 여기서 발견된 이성은 아직 하나의 목적일 뿐이며 개인이 그것을 자기의지의 목적으로 삼지 않는다.

이제 정신 장에서 전체 과정은 개인이 이성을 자신의 목적으로 수용하는 과정이다. 개인은 자신의 개별적 자아를 도야하여 이성을 자신의 목적으로 삼는 실질적 자유의지로 발전한다. 이 실질적 자유의지가 도덕적 자유의지이며 이는 개인적 자아와 구별되는 일반적 자아이다.

이성 장이 인식적 과정이라는 점에서 의식 장에 대응한다면, 정신 장은 실천적 의지를 다룬다는 점에서 자기의식 장을 반복한다. 자기의식 장이 개인이 형식적 자유에 이르는 과정이라면, 정신 장은 개인이 실질적 자유의지로 발전하는 과정이다.

역사를 전체적으로 볼 때, 그리스 시대('인륜의 시대')에서 로마 및 중세('법적 상태')까지는 인륜적 실체에서 아직 미분화된 개인이 자립성을 획득하면서 개인적 자아가 발전하는 시대이다. 근대 자본주의 시대(헤겔에서는 '자기 소외된 정신'의 시대)에 들어오면서 개인적 자아가 자기를 극복하여 일반적 자아로 발전한다.

인륜성(습속)의 시대

1) 그리스 정신

그리스 정신의 개념 즉 전체적 윤곽을 제시해보자. 그리스 인륜적 실체[11]는 가족과 국가로 분열되어 있다. 가족 속에서 개인은 미분화 상태에 있어서 개인은 그 통일성을 내적으로 느끼고 있을 뿐이다. 반면 국가에서 개인은 독립적으로 출현하면서 국가의 명령을 관습적인 방식으로 수행한다. 국가의 명령은 개인에게 습속으로 주어진 당위일 뿐, 개인은 이를 자각적으로 수행하지 않는다. 헤겔은 가족의 통일성을 신의 법칙이라고 하며 국가의 명령은 인간의 법칙이라고 규정한다.

그리스 시대 인륜에 대한 이 설명은 그리스 시대가 이행기였다는 역사적 사실을 반영한다. 그리스 시대는 혈연적 부족연합의 체계가 도시를 바탕으로 하는 민족국가(폴리스) 속에서 통일되는 과정에 있었다. 헤겔은 부족연합을 가족으로, 도시국가를 국가로 규정한 것이다.

그리스 시대 인륜의 운동을 전체적으로 간단히 서술해보자면 다음과 같다. 그리스 시대 두 사회적 실체는 서로 대립하면서도 하나의 통일체를 이루고 있다. 왜냐하면, 각 실체는 자신을 유지하기 위해 타자의 도움을 받아야 하기 때문이다. 두 실체는 균형을 이루며 안정되어 있다. 그러나 균형과 안정은 개인이 행동으로 나서면서 깨지게 된다. 실체의 세계는 서로 통

11 헤겔의 'Sittlichkeit'를 흔히 '인륜성'으로 번역한다. 이 말은 '습속(Sitte)'에서 나온 말이다.

일되어 있는데, 개인은 오직 자기가 속한 실체만을 알 뿐이다. 개인은 자기가 대변하는 실체의 법칙을 실행하는 가운데 그에 대립하는 실체의 법칙을 해치게 된다. 그 결과 두 세계는 함께 몰락하면서 법의 세계로 이행한다.

2) 두 실체로의 분화

그리스 정신에 대한 헤겔의 논의는 a, b소절에 걸쳐 있다. a소절은 그리스 정신에서 두 원리 즉 가족과 국가가 고요한 균형을 이루고 있다는 것을 설명한다. 이어서 b소절은 개인이 행동에 나서면서 이런 균형이 깨어진다는 것을 설명한다. 우선 a소절을 살펴보자.

개인이 자신을 자각하기 시작하면서 국가는 개인을 외적으로 통일하려 한다. 헤겔은 이런 국가 속의 개인을 공민으로 규정한다.

도시국가 속에서 개별 공민은 처음에는 관습적으로 국가의 명령을 받아들인다. 국가의 명령은 무조건 관철되며 정부는 법을 공공연하게 집행하고 그 힘의 행사에는 어떤 소추도 면제되어 있다.

반면 가족에서 개인은 미분화되어 있으며 가족 사이에는 내적인 통일성이 존재한다. 이 내적 통일성은 자연적인 것으로 나타나니, 곧 혈연적 통일성이다. 이 혈연성은 혈족의 신인 부뚜막의 신을 통해 상징된다.

가족은 내적 통일성을 지니므로, 가족의 목적은 내적 통일성을 지속시키는 것이다. 가족의 내적 통일성은 다만 한 세대 사이의 통일성만을 의미하는 것은 아니다. 내적 통일성은 곧 여러 세대에 걸쳐 연속되는 통일성이다. 그러기에 헤겔은 가족의 목적은 핏줄에 있다고 하며 개인의 현존은 핏줄을 자기 세대에 대신하는 것에 지나지 않는다고 한다.

3) 두 실체의 상호 연관

이상과 같이 가족과 국가의 원리를 제시한 다음 헤겔은 각 실체가 고립적이지 않으며 자기 속에 이미 다른 실체의 원리를 내포하고 있어서 양자는 상호 이행, 상호 침투하는 관계에 있다는 사실을 설명한다.

먼저 국가를 보자. 국가는 개인을 통일하는 배타적 일자가 되어 고유한 의지를 지녀야 한다. 개인은 점차 자기를 자각하면서 자립화하는 경향성을 지니므로 국가는 해체될 위험에 처한다. 국가는 이 위험을 피하려 여러 방식으로 노력을 기울인다.

국가는 때때로 전쟁을 통해 개인이 자립화하는 경향성을 파괴하곤 한다. 그런데도 개인의 자립화 경향성은 그치지 않는

국가

국가는 'Nation'이라고도 하고 'Staat'라고도 한다. 'Nation'은 민족과 국가라는 이중적 의미가 있다. 여기서 국가는 민족별로 구성된다. 'Staat'는 지역적인 영토에 기초한 국가를 의미한다. 이런 국가는 중세 시대 지역적 통일이 등장하면서 출현한다.

다. 개인은 자기의 이기적 목적을 위해 국가를 수단으로 삼으려 하므로 국가는 이를 제어하는 데 한계를 느낀다. 국가는 최종적으로는 가족의 자연적 통일성에 기초해 자신의 통일성을 강화하는 힘을 얻는다. 다시 말해 국가는 가족의 원리를 요청하고 있다. 이 때문에 이 시대 국가가 민족국가(Nation)가 된 것이다.

가족의 경우 내적 통일성은 자연적으로 해체된다. 가족 관계는 남편과 아내, 부모와 자식, 형제와 자매의 관계로 발전한다. 남편과 아내는 자연적 통일(성관계)에 머무르지만, 부모와 자식은 이미 자연적 통일을 넘어서 서로 동정심을 통해 결합한다. 마지막으로 형제와 자매는 자연적 관계를 벗어나 서로 대등한 무차별적 관계가 되면서 여기서 가족을 파괴하는 개인화의 원리가 출현한다.

헤겔은 개인화가 형제자매에 따라 다른 정도로 출현한다고 본다. 자매의 경우는 개인화에 반발하면서 가족의 내적 통일성으로 돌아가려 한다. 반면 형제의 경우는 가족을 벗어나면서 개인의 자아를 추구한다. 이처럼 가족 속에서 자연적으로 개인화의 원리가 출현한다는 점에서 가족의 법칙 내에 이미 국가의 법칙이 스며들어 있다고 하겠다.

4) 범법과 죄의식

b소절에 이르러 헤겔은 균형 속에 있는 그리스 인륜적 실체가 파괴되는 과정을 서술한다. 파괴를 매개하는 것은 각 실체를 대변하는 인간의 행동이다. 이 부분에 관한 헤겔의 서술은 대부분 소포클레스의 비극 「안티고네」에서 영감을 받은 것이다.

가) 행위의 단호함

그리스 정신에서 각 집단에 속한 개인은 자기 집단의 원리를 아무런 저항감 없이 수행한다. 가족의 경우에 개인은 혈연을 대신할 뿐이다. 국가 속의 공민도 관습적으로 국가의 명령을 수행한다. 그는 정부의 명령에 대해 의혹을 품지 않는다. 어느 실체에서나 그 대변자는 자신이 속한 실체의 원리를 당연한 것으로 여기며 어떤 주저함도 없이 수행한다.

그리스인의 이런 모습은 일찍부터 그리스 영웅의 고요하고 단순한 모습[12]으로 널리 알려져 있었다. 헤겔은 이런 모습을 「안티고네」라는 작품에서 발견한다. 여기서 가족을 대변하는 안티고네나 국가를 대변하는 크레온은 각자 자신의 원리, 법칙을 아무런 회의나 주저함이 없이 수행한다.

나) 범법과 운명

헤겔은 그리스인의 덕목으로 알려진 고요함과 단호함이 결과적으로 어떤 비극에 빠져드는가를 제시한다.

문제는 앞에서 말했듯이 국가와 가족이라는 인륜적 실체의 두 측면이 서로 침투하고 서로 결합한다는 것이다. 그 결과 어떤 행위자가 자기가 속한 집단의 법칙을 의심과 주저함이 없이 수행하면 그는 이미 자기 실체 속에 침투해 있는 대립하는 실체의 법칙을 해치게 된다.

그 결과 그는 자기와 대립하는 실체의 법칙을 통해 보복받는다. 대립하는 것의 균형이라는 그리스 정신의 법칙은 한쪽이 다른 쪽을 해치면 다른 쪽이 이에 반발하면서 균형을 회복하는 방식으로 작동하기 때문이다. 이 균형의 법칙은 그리스 시

12 그리스 예술을 최초로 체계적으로 분석한 빙켈만은 그리스 조각 작품의 특징을 '고요한 단순성'에 있다고 했다.

대 운명이라는 개념으로 출현했다. 이제 그는 자신의 범법에 대한 운명의 처벌을 받는다.

다) 죄의식과 몰락

개인은 한편으로 자기가 속한 실체의 법칙을 결단하면서 자기도 모르는 사이에 죄를 저지른다. 소포클레스의 초기 비극 「오이디푸스」의 경우 무지는 자기 행위에 대한 무지이지만, 후기 작품인 「안티고네」에서 무지는 자신의 행위가 불법이라는 것에 대한 무지이다. 예를 들어 「안티고네」에서 안티고네와 클레온은 자기가 다른 실체의 법칙을 해친다는 것을 알고 행위를 수행한다. 그러나 여전히 그들은 자신에 속한 실체의 법칙은 정당한 것이지만 다른 실체의 법칙은 부당한 것에 지나지 않는다고 생각한다. 그들은 다른 실체의 법칙 역시 그 자신의 법칙만큼이나 정당하다는 사실을 알지 못한다.

하지만 그는 대립하는 실체의 법칙으로부터 보복당하면서 비로소 자기가 해친 실체의 법칙 역시 자신의 것과 마찬가지로 정당한 것이었음을 깨닫는다. 이 보복을 통해 그는 자신의 실체와 대립하는 실체가 서로 내적인 통일을 이루고 있다는 사실을 발견하면서 마침내 자신의 죄를 인정한다. 이렇게 운명의 보복을 당해 몰락하면서 그는 자신에게 감추어져 있는 실체의 진리를 깨닫고 진리에 다가간다.

이 몰락은 어느 편이나 겪게 마련인데, 왜냐하면 두 위력은 대등해 그중 어느 것도 다른 것보다 우위이거나 본질적인 것이 아니기 때문이다. 「안티고네」에서는 안티고네의 죽음과 동시에 클레온의 아들과 아내 역시 자살하게 된다. 양자의 몰락을 통해 그리스 인륜 세계는 새로운 인륜 세계 즉 법의 상태로 발전한다.

5) 제국의 등장

전체적으로 본다면, 국가는 가족에 대해 승리한다. 가족의 힘은 지하에만 통하는 것이기 때문이다. 하지만 가족은 그에 대해 복수하게 된다. 왜냐하면, 국가는 가족의 힘이 없이는 단결을 이루지 못하기 때문이다. 그리스 시대 국가는 양자의 통일체로서 민족국가라는 형식으로 존재했다.

민족 자체가 자연적인 것으로서 그 자체가 개별성을 지니므로, 이 시기에 다양한 민족국가가 출현하면서 서로 대립한다. 하지만 개별 국가는 그 법칙이 우연한 개별성인 민족성에 기초하는 것이므로 필연적으로 몰락하며 마침내 세계 제국이 세워진다. 그것이 로마에서 등장한 제국이다.

법의 시대

인륜성의 세계에서 가족과 국가는 상호 몰락하고, 개별 민족국가는 통일된 제국으로 발전한다. 동시에 공민은 해체되고 개인이 등장한다. 이 과정은 역사적으로 헬레네즘 시대와 로마제국 시대에 해당한다. 헤겔은 로마공화국(민족국가)과 로마제국의 시대를 구분하면서도 로마제국과 중세 사이에는 시대를 구분하지 않는다. 로마제국과 중세는 같은 법적 상태로 규정한다.

여기서 개인은 자기를 자각하면서 법적 인격으로서 확립한다. 인격에서 자유란 자기 결정권을 의미한다. 자기 결정권은 형식적 자유의지에 해당한다. 자유의지는 상호 인정되고 평등한 것이므로 이를 통해 법적 인격이 된다.

법적 인격은 형식적으로만 자유로우므로 구체적 내용에 관해서는 아무것도 결정하지 못한다. 법적 인격은 자신에게 돌아가야 할 몫 즉 구체적 내용을 자의적으로 결정하며, 처음에는 모든 것을 자기의 것으로 주장한다. 그 결과 만인의 만인에 대한 투쟁이 벌어지며 이 투쟁의 결과 각자의 인격에 속하는 구체적 내용을 결정해주는 전제자가 출현한다. 그는 자의적으로 법을 정해 모든 개인이 이를 따르도록 한다.

이제 인격의 자유란 전제자를 통해 외부에서 결정된 것을 스스로 선택하는 자유만 남는다. 법적 인격은 실질적으로 외부에서 지배당하므로, 여기서 그는 자신을 상실하고 자신의 무실성(Nichtigkeit) 즉 무의미성을 경험한다.

이 전제자가 곧 로마의 황제이다. 헤겔은 그를 '세계의 주인'이라고 이름 붙인다. 이 세계의 주인은 개별 인격과 마찬가지로 하나의 인격이지만 다른 모든 개별 인격을 지배하는 주인이다. 그러나 세계의 주인 역시 하나의 인격이므로 그의 결정은 자의적으로 이루어진다. 여기서 자의적이란 곧 자기도 알지 못하는 힘에 지배된다는 것이니, 세계의 주인 역시 그가 지배하는 개인만큼이나 노예적 상태에 있을 뿐이다. 세계의 주인에서 세계의 지배자라는 그의 형식과 자의적으로 결정되는 내용 사이에 모순이 발생한다.

세계의 주인이 하나의 인격으로서, 다른 모든 인격의 내용을 자의적으로 결정하면 광란의 세계가 펼쳐진다. 그러므로 세계의 주인은 개별 인격에 낯선 적대적인 본질로 나타난다.

헤겔은 『역사철학 강의』[13]에서 로마의 황제는 동양의 황제와는 전혀 다른 의미를 지니고 있다고 한다. 왜냐하면, 동양의 황제는 자연적인 민족의 대표이지만, 로마 황제는 다른 개인과 마찬가지로 인격이며 또 자의적이기 때문이다. 민족의 대표는 민족의 관습을 지키므로 동양의 황제가 지닌 전제권은 제한적일 뿐이다. 반면 로마 황제에게는 민족적 관습의 제한을 전혀 받지 않고 자의적으로 결정하니 그의 전제권은 무한정하다.

중세에 사회적 교환관계가 발전하면서 객관적 정의가 출현한다. 이 과정을 통해 개인은 마침내 자신에게 정당한 몫이 무엇인지를 알게 되며 이를 통해 자신의 실질적 자유를 자각한다. 그러나 교환관계에서 객관적 정의는 아직 소외된 상태에서 출현하므로 개인에게서 실질적 자유의 자각은 아직 출현하지 않는다. 개인은 여전히 개별적 자아 즉 욕망의 지배 아래 있으니, 양자가 대립하면서 근대정신으로 이행하게 된다.

13 헤겔, 『역사철학 강의』, 동서문화사, 2016, 308쪽 참조.

근대정신의 출현

교양의 세계

이제 근대정신으로 이행해보자. 헤겔은 이렇게 말한다. 근대로 들어오면서 정신적 본질, 즉 사회정의는 개인의 상호작용을 통해 출현한다. 이 정신적 본질은 개인에게 소외된 방식으로 출현한다.

자아와 정신적 본질 사이의 소외 관계는 근대로 이행하면서 일반화한 상품 교환 관계를 모델로 한 것으로 보인다. 상품 교환 관계란 각자 상품을 생산하고 시장을 통해 교환하는 것을 말하며, 애덤 스미스에 따르면 이 관계는 보이지 않는 손을 통해 조절된다고 한다. 현실에서 수요공급에 따라 시장 가격은 부단히 변화하지만, 그 가운데서도 장기적으로는 보이지 않는 손에 의해 객관적 가치가 지배한다. 헤겔의 『정신현상학』에서는 소외라는 개념이 바로 이 '보이지 않는 손'을 의미할 것이다.

이와 마찬가지로 헤겔은 소외를 통해 두 가지 세계가 출현한다고 말한다. 하나는 개인적 자아와 정신적 본질이 대립하는 세계이다. 여기서 정신적 본질은 개인적 자아에 대립해 낯선 것으로 등장한다. 헤겔은 이를 '실제적 자기의식(개인적 자아)'의 세계라 한다. 다른 하나는 정신적 본질이 개인적 자아의 산물이며 따라서 이 정신적 본질이 이미 출현하는 개인의 내면세계이다. 개인적 자아는 정신적 본질을 자기의 내면에서 직관하므로, 헤겔은 이를 '순수의식'의 세계라 한다. 이 순수의식은 신앙의 형태로 출현한다.

사실 정신적 본질에서 개인에 대립하는 측면과 동시에 개인에 내재하는 측면은 동일한 정신적 본질의 양면일 뿐이다. 왜냐하면, 정신적 본질은 개인의 상호작용을 통해 산출된 것이지만 개인을 넘어서는 것이기 때문이다. 그 때문에 근대정신의 세계에서 구분된 두 세계 즉 실제적 자기의식의 세계와 순수의식의 세계는 서로 타자에 근거하면서 자기를 넘어 타자로 이행한다.

헤겔은 이행의 과정을 정신 장 B절 '자기 소외된 정신'에서 서술하는데, 이 B절은 1절 교양의 단계와, 2절 계몽주의의 단계, 3절 절대적 자유라는 세 단계에 걸쳐 전개된다. 이 부분에 관한 서술은 헤겔이 자기 시대에 등장한 근대정신에 대해 얼마나 깊은 통찰력을 가지고 있는가를 보여준다. 헤겔은 근대에서 전개된 계몽과 신앙의 대결을 동일한 정신적 본질의 양면이라는 관계를 통해 파악하면서 이로부터 그의 시대 프랑스 혁명에서 일어난 광란의 공포정치를 설명하려 한다.

1) 소외의 세계

헤겔은 우선 개인의 자아에 대립하는 소외된 정신적 본질의 세계에서 출발한다. 여기서 개인은 자기를 교양하면서 자신을 정신적 본질에 일치시키는 것을 통해 소외를 극복한다.

교양의 시대에 개인은 법적 인격처럼 단순히 형식적으로만 인정받고 실질적으로는 전제자를 통해 지배당하는 것은 아니다. 이 시대 개인은 자신의 성공을 위해 구체적으로 노력한다. 그러나 무턱대고 노력한다고 해서 성공을 얻을 수 있는 것은 아니다. 이를 위해서는 먼저 개인이 자신을 정신적 본질에 적합하게 만드는 과정이 필요하다. 이것이 곧 교양이다.

이 같은 노력에도 불구하고 개인이 현실 속에서 발견하는 것은 오히려 그 자신의 몰락이며, 여기서 개인은 신앙으로 전락하게 된다는 것이 헤겔이 이 장에서 서술하려는 핵심에 해당한다.

나는 이 교양의 장을 절대주의와 바로크 시대의 문화를 다루는 장으로 파악한다. 바로크 문화의 특징은 표면적으로 보면 화려하지만, 사실 이 화려함은 곧 사라지는 것이 지닌 허망함을 의미할 뿐이다. 바로크 문화가 보여주는 허망함은 세상 속에는 감추어진 신의 뜻을 드러낸다.

바로크 문화의 특징은 예를 들어 라신의 비극 「페드라」라든가, 뒤러의 판화 〈멜랑콜리〉 등에서 발견할 수 있다. 헤겔의 교양 개념은 바로크 문화의 본질을 정확하게 보여준다.

2) 정신적 본질의 두 계기

헤겔은 교양의 세계에서 등장하는 정신적 본질이 두 부분으로 분열되어 있다고 한다. 곧 국가권력과 부이다. 절대주의 시대를 움직이는 힘이 왕과 상인이었다는 것을 생각한다면, 헤겔이 왜 이렇게 구분했는지가 이해된다.

헤겔에서 권력과 부는 서로 대립한다. 권력은 정신적 본질의 일반적인 측면이다. 모든 개인의 삶의 지반이 되는 동시에 개인을 넘어서는 힘이기 때문이다. 반면 부는 개인의 욕망을 충족하는 것, 즉 개별적인 측면이다. 정신적 본질의 두 계기는 정신적 본질 속에서 내적으로 통일되어 있으나, 현상적으로는 서로 대립한다. 그것은 마치 인륜성의 세계가 가족과 국가로 이중화하는 것과 마찬가지이다.

교양의 세계에서 개인 역시 이중화한다. 한편으로 개인은 개별적 자아(헤겔의 용어로는 '실제적 자기의식')이다. 다른 한편으로 개인의 내면에는 이미 순수의식이 존재하면서 개인에게 보이지 않는 힘을 발휘하고 있다. 전자의 측면에서 개인은 국가권력과 부의 힘에 종속한다. 하지만 후자의 측면에서 그는 국가권력이든 부이든 이미 그것을 넘어서 있다.

이 순수의식의 보이지 않는 힘 때문에 그는 국가권력이나 부를 자기와 관계하여 판단할 수 있다. 앞에서 설명한 인륜성의 세계에서 각 개인은 자기가 속한 인륜적 실체의 명령에 무조건 복종하는 영웅이었다. 반면 교양의 시대 개인은 대상인 정신적 본질을 자기에게 선한 것인지 악한 것인지를 판단하면서 자기의 목적을 달성하기 위한 수단으로 이용한다.

흥미로운 것은 개인의 활동이 오히려 그가 처음에 판단하는 정신적 본질을 전도한다는 데 있다. 즉 개인의 활동을 통해서 정신적 본질의 각 계기가 내적으로 가지고 있는 이면이 드

페드라

라신이 1677년 지은 비극 「페드라」에서 페드라는 테세우스 왕이 전쟁에 나가 사망했다는 소문을 듣고 의붓아들인 이폴리트에게 사랑을 고백한다. 하지만 이폴리트는 이미 전 왕의 딸을 사랑하고 있어 페드라의 사랑을 받아들이지 않는다. 페드라는 질투를 느꼈고, 왕이 살아 돌아오자 이폴리트가 자신을 겁탈하려 했다고 왕에게 고발한다. 왕은 바다의 신 포세이돈에게 부탁해 이폴리트를 처단한다. 죄책감을 느낀 페드라 역시 독을 마시고 자살한다. 라신은 이 비극을 통해 세상의 허망함과 세상을 지배하는 섭리의 준엄함을 말하려 했다.

러난다. 개인의 활동이 정신적 본질의 진실을 드러내는 매개가 된다. 이를 개인적 자아의 측면에서 보자. 개인은 처음 정신적 본질에 종속되어 있었다. 그러나 개인은 활동하는 가운데 정신적 본질의 종속 상태에서 벗어나 자신의 내적 본질인 순수의식을 깨닫는다.

3) 고귀한 의식과 비천한 의식

헤겔은 이런 전도를 설명하기 앞서, 우선 정신적 본질의 두 계기에 대한 개인의 판단작용을 통해 출현하는 '고귀한 의식'과 '비천한 의식'의 개념을 설명한다.

국가권력과 부는 그 자체로 본다면, 전자는 만인을 위한 일반적인 것(그 자체적 존재)이며 후자는 개인의 욕망을 채우는 개별적인 것(대자적 존재)이다. 정신적 본질의 두 계기를 개인은 자기의 관점에서 판단한다.

국가권력은 개인에게 한편으로 자기의 삶을 위한 지반이 되며 그런 점에서 선이고, 다른 한편으로 자신을 억압하는 존재인 악이다. 거꾸로 부는 한편으로 자기의 욕망을 충족하는 선이며, 다른 한편으로 이 충족은 허망한 쾌락에 지나지 않으니 악이 된다.

헤겔은 여기서 양자를 동시에 긍정하는 '고귀한 의식'과 양자를 동시에 부정하는 '비천한 의식'이 출현한다고 말한다. 고귀한 의식은 국가권력과 부를 모두 긍정적인 것 즉 선하다고 판단한다. 반면 비천한 의식은 국가권력과 부를 모두 부정적인 것 즉 악으로 판단한다.

4) 고귀한 의식의 전도

여기서부터 헤겔은 절대주의 시대 정신적 본질에 대한 개인의 투쟁과 정신적 본질의 전도를 드라마틱하게 전개한다. 이 부분은 거의 소설을 읽는 듯한 흥미를 자아낸다.

우선 고귀한 의식은 자기 이익을 버리고 일반적, 정신적 본질인 국가권력에 봉사한다. 그는 이것을 통해 명예를 얻는다. 하지만 그의 자기 포기는 완전하지 못하며 고귀한 의식은 일반적 선을 위해 조언할 뿐, 자기의 목숨을 바칠 정도로 진정 국가

레오 아르메니우스

여기서 제시된 헤겔의 서술은 독일 근대의 작가 안드레아스 그뤼피우스의 작품 『레오 아르메니우스』를 염두에 두고 쓴 것으로 짐작된다. 비잔틴 제국을 역사적 배경으로 하는 이 소설에서 왕인 레오는 그를 떠받들어 제국을 건설한 장군 미하일을 반역죄로 체포해 감옥에 넣는다. 마하일이 왕의 처사에 불만을 품는다는 소문을 들었기 때문이다. 왕은 미하일의 처형을 크리스마스가 지난 다음 날로 미룬다. 미하일은 자신을 처형하려는 왕의 결정을 듣고 그를 따르는 자들에게 연락을 취해 모반을 일으킨다. 여기서 충직한 미하일이 왕에 불만을 품게 되는 동기가 중요하다. 그것은 왕이 나누어주는 시혜가 불공평하다는 것 때문이었다.

권력에 봉사하는 것은 아니다. 국가권력은 고유한 결정하는 힘 즉 자아를 획득하지 못하고 고귀한 의식의 봉사에 의존한다.

교양의 세계에서 고귀한 의식은 국가권력에 다만 말로만 봉사할 뿐이다. 헤겔은 고귀한 의식의 언어 즉 조언을 다른 언어와 구분한다. 조언은 다른 언어와 달리 말하는 형식이 곧 내용이 된다고 한다. 즉 말을 통해 말만으로 봉사한다는 것이다.

고귀한 의식은 여전히 자신의 자아를 보존하고 있으니 국가권력을 자기 이익을 위한 수단으로 삼으려 한다. 고귀한 의식은 사적 목적을 품고 일반적 목적인 국가권력에 대립한다. 이것은 고귀한 의식이 비천한 의식으로 전락하는 첫 번째 계기가 된다.

고귀한 의식이 국가권력을 이용하려 하면서 거꾸로 그는 국가권력에 의존하게 되니, 그의 봉사의 언어는 아첨의 언어로 전락한다. 거꾸로 보면, 단순한 정신적 본질 즉 일반적 선 또는 법에 그치던 국가권력은 이 아첨을 통해 결정하는 의지를 지닌 자아가 된다. 여기서 무제한적 권력을 행사하는 절대군주가 출현한다. 헤겔은 흥미롭게도 이때 군주는 아첨의 언어로부터 출현한 것이니, 절대군주는 사실 이름뿐인 군주라고 말한다.

국가권력이 자아를 지닌 군주가 되면서, 이 군주는 자신이 신하에 의존한다는 것을 발견한다. 국가권력은 신하의 복종을 얻어내기 위해 부를 이용하면서 부의 시혜자가 된다. 이를 통해 국가권력은 전도하면서 개별적이고 우연적인 정신적 본질인 부가 된다.

부의 시혜자에게는 군주라는 공허한 이름만이 남을 뿐이다. 여기서 고귀한 의식은 이런 부로 변화된 국가권력을 긍정하며 이를 선으로 간주하고 부의 시혜에 대해 감사함을 느낀다.

5) 비천한 의식

헤겔은 이어서 시혜를 베푸는 부에 대해 고귀한 의식은 어떻게 관계하는가를 서술한다. 여기서 또 한 번의 역전이 일어난다.

고귀한 의식은 처음에 부의 시혜를 감사하게 생각한다. 부의 시혜는 고귀한 의식이 시혜자인 군주에게 의존하게 만든다. 고귀한 의식은 자신이 부의 시혜자가 지닌 개별적 자의에 종속되어 있다는 사실을 발견하게 된다.

부를 시혜하는 군주는 자신이 시혜하는 자라는 데서 오만하게 된다. 그는 수혜자를 경멸하는데, 수혜자는 이 때문에 부의 시혜를 자신과 불일치하는 것으로 받아들이면서 이런 부의 시혜를 비난하게 된다. 헤겔은 부의 시혜자에 대한 고귀한 의식의 분노를 다음과 같이 표현한다.

> 이런 오만은 한 끼의 식사를 제공함으로써 타인의 자기-자체를 얻으며 이를 통해 타인의 가장 내적인 본질조차도 획득했다고 생각하지만, 부의 시혜자는 이 타인의 내심에서 일고 있는 분노를 간과한다. 부의 시혜자가 간과하는 사실은 타인이 모든 속박을 완전한 타파할 수 있다는 것이며 즉 타인이 철저하게 자기 분열된다는 것이다.(281쪽, 27~30행)

처음 부의 시혜자에 감사함을 느꼈던 고귀한 의식은 이런 반감을 통해 부를 부정한다. 앞서 고귀한 의식은 국가권력을 이용하려 하면서 비천한 의식으로 전도하는 일보를 내딛게 되었다. 이제 고귀한 의식은 부의 시혜에 대해서도 반감을 느끼면서 마침내 모든 정신적 본질의 계기를 부정하는 비천한 의식으로 전락한다.

6) 분열의 언어

시혜자에게 모욕당함으로써 분노하게 된 비천한 의식은 마침내 분열의 상태에 이른다. 그는 언어를 통해 자신을 표현하는데 헤겔은 이를 '분열의 언어'라 한다. 그는 정신적 본질의 계기를 비판하면서 자신의 위치를 바꾼다. 국가권력을 부정하는 경우 그는 개별적 자아의 위치에 선다. 부를 부정하는 경우 그는 교양을 통해 획득한 일반적 자아의 위치에 선다. 그는 양자를 모두 비판하는데 그것은 그가 개별적 자아에서 일반적 자아로, 일반적 자아에서 다시 개별적 자아로 끝없이 자기 위치를 바꾸기 때문이다. 정신적 본질에 대한 분열의 언어는 곧 자기 분열적인 언어이다.

> 이러한 횡설수설은 마치 어떤 음악가의 광기에 비교되는 것이다. 그는 이탈리아어로 된 것과 프랑스어로 된 것, 또는 비극적인 것과 희극적인 것 등등 각양각색의 성격이 담긴 30가지 아리아를 쌓아놓고 이를 뒤범벅으로 만들며 때로는 깊은 저음으로 지옥에까지 가닿는 듯하다가도 때로는 목청을 높여 가성으로 마치 창공을 가르는 듯하니 (……) 미친듯이 노래하다가는 어느새 다시 가라앉으며 거만을 떨다가는 곧 다시 희롱하는 듯하다.(283쪽, 36행~284쪽, 3행)

위 구절은 디드로의 소설 『라모의 조카』에 나오는 말이다. 헤겔은 이 말을 인용하면서, 라모의 언어야말로 비천한 의식이 토로하는 분열의 언어를 가장 잘 보여준다고 한다. 실제로 술집에서 자주 지성인의 이런 분열적 언어를 만나게 된다.

앞에서('정신적 동물 왕국'에서) 설명한 '성실한 의식'이 사태 자체의 개별 계기를 진정한 사태 자체로 간주하면서 각 계기가 이미 내적으로 다른 계기로 전도된다는 것을 알지 못했다. 반면 분열적 의식은 모든 계기가 이미 자신과 반대되는 계기로 전도한다는 사실을 자각하면서 이런 계기들의 통일성을 자각한다.

자기 분열의 의식을 통해 절대적으로 대립하는 것이 절대적으로 통일되는 가운데 진정한 정신이 출현한다. 그러나 분열된 의식에서 이루어지는 통일은 아직 진정한 통일은 아니다. 이런 통일은 끊임없이 교체하는 통일일 뿐이다.

7) 순수한 부정적 자아로 이행

비천한 의식에서 나타나는 분열된 의식은 정신적 본질의 모든 계기를 비판한다. 이때 분열된 의식은 정신적 본질의 각 계기를 분리해 고립적으로 놓고 이를 비판하며 전도한다. 그러나 그는 정신적 본질 자체 내에 이 대립하는 계기가 이미 통일되어 있다는 사실을 알지 못한다. 그는 다만 끊임없이 자기의 위치를 바꾸면서 정신적 본질의 계기를 교대로 비판할 뿐이다.

이 비판 속에서 정신적 본질의 세계는 공허하다는 것이 드러난다. 이 공허함이 바로크 문화가 보여주려는 것이다. 마찬가지로 분열된 의식 역시 모든 내용을 잃고 공허해지니, 그는 순수한 자아가 된다. 이 순수한 자아가 곧 죽음을 명상하는 '멜랑콜리아'의 자아이다.

이 자아는 자신에 대립하는 정신적 본질, 즉 자신의 타자를 비판하는 부정적 자아로만 존재한다. 부정적 자아는 자신에게 자아가 존재한다는 것을 자각하기 위해서 비판되는 내용이 있어야 하니, 심지어 이 내용을 스스로 창조하고 만다. 이는 앞에서 회의주의가 비판을 위해 내용을 받아들이는 것과 같다. 다만 회의주의는 외부에서 비판의 내용을 받아들이지만 분열된 의식은 스스로 비판적 내용을 만들어낸다. 헤겔은 이 순수한 부정적 자아를 순수통찰이라 한다.

이 같은 순수통찰의 모습은 몰리에르의 희극에서 잘 나타난다. 몰리에르의 대표작 중의 하나인 「귀족 수업」을 보자. 이 글에서 몰리에르는 그 시대를 지배하는 모든 존재, 지식인과 부르주아 그리고 귀족 모두가 자기기만적 존재임을 폭로한다.

라모의 조카

이 작품은 디드로가 1761년 작성했으나 발간되지 못했다. 그 수고는 디드로가 1773년 러시아 에카테리나 여제에 봉사할 때 러시아 도서관에 기증했으나 괴테가 이를 발견해 독일어로 먼저 번역했다. 헤겔은 괴테의 번역판을 본 것으로 보인다. 『라모의 조카』에서 주인공은 실제 인물인 음악가 장 필립 라모이다. 라모의 조카는 음악으로 성공하기 위해 귀족 세계에 진출하지만 어디서도 자기 자리를 확보하지 못하고 쫓겨난다. 마침내 그는 술집에서 그가 속했던 귀족 세계를 격정적으로 비판하며, 동시에 자신을 조롱한다. 작가인 디드로는 작품에 단순한 의식을 지닌 존재로 등장해 그와 토론하면서 라모의 절망에 깊이 동감한다. 그는 라모의 절망이 그의 시대 현실에 대한 고발로 이해한다.

신앙과 순수통찰

1) 신앙의 출현

앞의 교양 절에서 헤겔은 개별적 자아가 분열된 의식에 빠지는 것을 서술했다. 이 절에서 헤겔이 서술하는 주요 대상은 앞에서 말한 순수의식 즉 신앙이다.

근대정신에서 정신적 본질은 자아의 상호작용을 통해 산출된다. 여기서 자아와 본질 사이의 관계는 소외의 관계이다. 한편으로 정신적 본질은 자아에 대해 대립한다. 그것은 자아의 대상이 된다. 다른 한편으로 정신적 본질은 자아에 내재한다. 이 이중적 관계 때문에 정신적 본질에 대한 자아의 관계는 순

귀족 수업

이 작품은 몰리에르가 1670년 「서민귀족」이라는 제목으로 썼다. 부자가 된 주르댕 씨는 귀족이 되고 싶어 한다. 그래서 귀족 수업을 받는다. 음악, 예술, 검술, 철학을 배우는데, 이들은 각자 자기의 기술이 최고의 기술이라고 주장한다. 그들은 실은 부자의 돈을 노리고 기만하는 것에 지나지 않는다. 몰리에르는 이들의 자기기만을 노골적으로 폭로한다. 이어서 주르댕은 귀족 도랑트와 사귀고, 자기 딸 뤼실을 그와 결혼시키려 한다. 그 자신은 도랑트를 통해 후작 부인 도리멘의 총애를 얻으려 한다. 하지만 귀족 도랑트는 주르댕을 이용해 그의 돈을 노리고 스스로 도리멘과 결혼하고자 한다. 도랑트의 음모는 주르댕의 아내에 의해 폭로된다. 그리고 뤼실을 사랑하는 자수성가한 청년 클레옹트가 터키의 황태자 행세를 하면서 주르댕을 속여서 뤼실과 결혼한다. 이것으로 주르댕조차 기만당하고 만다.

수의식이라는 관계로 규정된다. 정신적 본질이 자아의 대상이라는 점에서 이는 의식으로 규정된다. 정신적 본질이 자아에 내재한다는 점에서는 정신적 본질과 자아의 관계는 구별되지 않는 순수한 관계이다.

순수의식은 개별적 자아의 배후에 있었으나 분열된 의식이 등장하면서 마침내 모습을 드러낸다. 분열된 의식은 현실의 모든 계기를 비판하는 부정적 자아이다. 이 끊임없는 부정적 자아의 이면이 곧 순수의식이니, 분열된 의식과 순수의식은 동전의 양면이라 할 수 있다. 세속적인 자가 자주 현실에 절망하면서 종교에 귀의하는 것을 보게 되는데, 이것은 이미 세속적 인간 내에 순수의식이 존재하고 있기에 가능한 것이 아닐까?

분열된 의식에서 순수의식은 부정하는 자아로 출현하지만, 순수의식에서는 사유를 통해 직관된 정신적 본질이 대상으로 출현한다. 그것도 현실의 대상이 아니라 피안의 대상이다. 이를 통해 순수의식은 신앙이 된다.

헤겔이 여기서 소개하는 신앙은 불행한 의식의 신앙과 뒤에 절대정신에서 다루는 개신교의 신앙과도 구분된다. 불행한 의식에서 신은 피안의 세계에 존재한다. 개신교에서 신은 개인의 내면에 거주한다. 반면 헤겔이 말한 신앙에서 신은 피안인 동시에 개인에 내재한다. 이 신앙은 내용상 절대주의 시대 이후 등장한 가톨릭 개혁주의에 가까운 것으로 보인다.

2) 신앙의 두 가지 계기

신앙은 이중적이다. 신앙의 지반은 정신적 본질 곧 신이다. 이런 신은 개인의 상호작용적 관계 즉 정신적 본질을 상징하는 것이다. 신과 감각적 현실의 관계 역시 이중적이다. 한편으로 신은 감각적인 현실의 피안에 존재한다. 다른 한편으로 신은 감각적 현실에 자기를 드러낸다. 양자의 관계는 내재하면서 초월한다. 신앙은 감각적 현실을 통해서, 감각적 현실을 넘어서 신을 본다. 헤겔은 이 관계를 직접적 결합의 방식이라 본다.

신앙이 두 가지 계기를 지닌 것은 순수통찰이 두 가지 계기를 지닌 것과 같다. 하지만 순수통찰에서는 자아의 측면에 서 있고 두 자아는 서로 교체하는 방식으로 결합하지만, 신앙은 정신적 본질적 대상의 측면에 서 있고 두 계기는 직접적인 방식으로 결합한다.

3) 순수통찰의 신앙에 대한 비판

앞에서 설명했듯이 순수통찰은 개별적 자아이지만 자기의 내용을 잃고 순수하게 된 자아이다. 이 자아는 오직 타자를 부정하는 데서만 성립한다. 그러므로 헤겔은 순수통찰을 '절대적 개념'[14]이라고 말한다.

양자는 동일한 순수의식의 바탕에 서 있지만 서로 대립한다. 순수통찰은 부정하는 자아 쪽에 서 있으며 신앙은 대상으로서 본질의 편에 서 있다. 이제 순수통찰과 신앙은 둘 다 이중적이면서 서로의 관계 역시 이중적이다. 여기서 신앙과 순수통찰은 각기 상대편 속에서 자기와 다른 지점을 비판하면서 상대편이 자기와 같은 지점을 간과해버린다.

신앙이 보기에 순수통찰은 여전히 개별적 자아를 벗어나

14 헤겔에서 개념은 자기를 부정하는 운동을 전개하는 존재이니, 절대적 개념이란 끊임없는 부정의 운동을 의미할 것이다.

지 못한다. 순수통찰의 자아는 다른 한편에서는 순수한 자아이지만 신앙은 순수자아의 측면을 보지 않는다. 반면 순수통찰은 신앙의 감각적 현실의 측면을 비판한다. 순수통찰이 보기에 신앙은 감각의 대상 자체를 신으로 알고 있다. 하지만 순수통찰은 신앙이 감각적 현실을 넘어 신을 보고 있다는 사실을 알지 못한다.

계몽주의

1) 계몽주의의 역사

일반적으로 프랑스에서 계몽주의는 볼테르(Voltaire, 1694~1778)가 영국에 망명하면서 뉴턴(Sir Isaac Newton, 1643~1727)의 과학을 프랑스에 알리면서 시작되었다고 한다. 이어서 디드로(Denis Diderot, 1713~1784)를 중심으로 하는 백과사전파가 등장하면서 각종 미신을 비판하고 달랑베르(Jean-Baptiste le Rond d'Alembert, 1717~1783) 등이 유물론적인 입장에서 종교를 비판하면서 본격화되었다.

계몽주의는 곧 합리주의로 발전하면서 유물론과 관념론으로 분화되었다. 칸트가 계몽주의를 이성을 사용하는 능력에서 찾았던 것은, 계몽주의가 후기에 합리주의적으로 발전한 것을 고려한 정의라 하겠다.

헤겔은 계몽주의의 원천을 자연과학에서 찾지 않고 거슬러 올라가서 근대의 분열된 의식에서 비롯된 순수통찰에서 찾는다. 이런 계몽주의는 특히 신앙을 비판 대상으로 삼는다. 계몽주의의 신앙에 대한 비판은 전체적으로 세 부분으로 나누어진다. a소절은 계몽주의의 신앙에 대한 비판을 서술하며, b소절은 그 결과 승리한 계몽주의의 자체 내 분열을 설명한다. c소절은 프랑스 혁명에서의 혼란을 통해 계몽주의의 모순을 설명한다.

2) 신앙과 계몽주의의 투쟁

우선 a소절 '신앙과 계몽주의의 투쟁'에서 헤겔은 계몽주의의 신앙에 대한 비판을 서술한다. 앞에서 말했듯이 신앙에서 일반적 정신적 본질은 감각적 사물에 초월적이면서도 동시에 사물에 내재한다. 즉 초월적 신은 감각적 사물에서 자기를 드러낸다. 다만 신앙은 양자가 통일되어 있다는 것을 자각하지 못하며 신앙을 통해 감각적 사물에서 그 너머에 있는 신을 볼 뿐이다.

계몽주의 역시 두 자아, 즉 개별적 자아이지만 일반적 자아이다. 계몽주의는 순수통찰의 부정성을 수용한다. 개별적 자아로서 계몽주의는 신앙의 한 측면 즉 신적 본질을 부정하며, 동시에 일반적 자아로서 계몽주의는 신앙의 다른 측면 감각적 사물을 부정한다.

헤겔은 우선 계몽주의가 신앙에 대해 승리하는 이유를 설명한다. 계몽주의가 보기에 신앙은 감각적 사물을 신이라고 주장하는 기만이다. 이런 기만은 전제 군주의 이익이 된다. 계몽주의는 전제 군주를 비판하기 위해 신앙을 비판하는데, 이때 계몽주의는 전제 군주나 기만적 승려를 직접 공격하기보다는 순진한 대중을 계몽하려 한다. 계몽주의는 순진한 대중이 무지 때문에 신앙에 복종한다고 생각하기 때문이다.

한편으로 신앙에서 신은 자기를 감각적 사물을 통해 계시하므로, 감각적 사물은 신에 못지않게 중요하다. 계몽주의가 신앙에 대해 감각적 사물은 우상에 불과하다고 비판하면, 신앙은 이에 대해 저항하지 않을 수 없다. 여기서 계몽주의와 신앙 사이에 격렬한 대립이 발생한다. 그 결과 계몽주의의 투쟁은 폭력과 요란한 소음을 동반하기도 한다.

다른 편에서 신앙도 신을 감각적 사물의 이면에 존재할 뿐이며, 감각적 사물 자체는 아니라고 생각하므로 이미 계몽주의의 비판을 인정하고 있다. 그러므로 계몽주의의 비판은 신앙에게 "마치 훈훈한 향기가 아무런 대기의 저항도 없이 은은하게 확산돼 나가는 것"(295쪽, 14~15행)과도 같다.

계몽주의가 이렇게 전염병처럼 전파되기에, 계몽주의의 전염은 남의 눈에 띄지도 않으며, 이를 방어하는 것은 불가능하다. 전염이 감지되었을 때는 이미 너무 확산했을 때다. 그때 가서 계몽주의에 대항하는 투쟁은 너무 늦었으며 오히려 그런 투쟁은 병을 악화시킬 뿐이다. 이미 계몽주의는 신앙의 골수를 장악했으며 이 병을 극복할 아무 힘도 없다. 계몽주의의 비판은 소리 소문도 없이 퍼져나가서 이를 알지 못하는 우상의 모든 내장과 모든 조직을 철저히 장악하니, 어느 아름다운 아침 갑자기 우상이 땅에 쓰러지게 된다.

> 드디어 어느 아름다운 아침에 순수통찰은 팔꿈치로 옆의 친구를 치면서 외칠 것이다. "꽈당, 우당당탕. 우상이 쓰러졌도다." 어느 아름다운 아침이 지난 그날 정오, 그러한 전염이 정신적 삶의 모든 기관에 침투하고 난 뒤에는 핏자국도 없을 것이다. 그때는 다만 기억만이 지나간—어떻게 사라졌는지를 알지 못하지만—역사를 즉 이전 시대의 정신 형태가 죽은 모습을 간직할 뿐이다. 마침내 기도를 올리기 위해서 새로이 높이 치켜든 지혜의 뱀은 말라빠진 허물을 벗어던지면 아무 고통도 느끼지 않을 것이다.(296쪽 1~7행)

3) 계몽주의의 자기비판

그런데 신앙에 대한 계몽주의의 비판은 거꾸로 계몽주의 자신의 자기비판으로 전락한다. 왜냐하면, 계몽주의는 일반적 자아이지만 동시에 개별적 자아이므로 그 역시 개별적인 자아를 벗어나지 못했으니, 신앙이 지닌 감각적 사물의 측면에 대한 그의 비판은 곧 자신의 개별적 자아에 대한 비판이기도 하다. 그래서 헤겔은 계몽주의의 신앙에 대한 비판은 자가당착에 이르게 된다고 한다.

그런데도 계몽주의는 신앙을 비판하면서 자기를 비판하는 줄을 모르고 여전히 타자를 비판한다고만 생각한다. 그 때문에 계몽주의는 거꾸로 신앙에서부터 비판을 받는다. 신앙에 따르면 계몽주의는 현실적 개별 자아에 머무른다. 즉 계몽주의의 비판은 그의 의도에서 본다면 자기 이익을 감추고 있다는 비판이다. 신앙의 이런 비판을 통해 계몽주의는 자기의 자가당착을 자각하면서 마침내 자기를 순화한다.

4) 신에 대한 비판

신앙에는 두 계기가 있다. 신과 감각적 사물이다. 앞에서 계몽주의는 감각적 사물이 신성한 것이 아니라 단순한 감각적 사물에 불과하다고 비판했다. 이제 계몽주의는 신적 본질에 대한 비판으로 나간다. 계몽주의는 신이라는 절대적 본질이 사유의 산물인 허구라고 비판한다.

그러나 헤겔은 계몽주의의 이 주장은 신앙에 대한 오해에 지나지 않는다고 한다. 그 이유로 헤겔은 세 가지를 들고 있다.

첫째, 이 비판은 계몽주의가 자기 입장을 신앙에 투영한 것이다. 즉 계몽주의는 대상을 자신의 산물로 보는데, 마찬가지로 신앙도 자기와 마찬가지라고 생각한다.

둘째, 무엇을 신뢰한다는 것은 이미 부분적으로는 그 대상과 자기가 일치한다는 것을 인정하는 데서 나온다. 신앙 역시 절대적 본질인 신과 신뢰의 관계에 있다. 즉 신앙은 신이 절대적으로 낯선 타자가 아니며 신 속에서 이미 자기 자신을 발견하는 데서 나온다.

셋째, 신의 진정한 의미는 사회적 상호작용을 통해 출현한 정신적 본질이다. 정신적 본질이 실현되기 위해서는 개인적 자아가 정신적 본질에 복종하는 것이 중요하다. 신앙의 의미는 복종을 가능하게 하면서 정신적 본질을 실현하는 데 이바지한다.

그러므로 헤겔은 계몽주의의 신앙에 대한 비판은 일종의 아이 바꿔치기라고 비판한다. 즉 신앙에게 신은 상호작용적 정신적 본질인데, 계몽주의는 신을 허구의 산물로 보며 비판한다는 것이다. 이는 자신이 신을 바꿔놓은 것에 불과하다.

계몽주의에 따르면 대중을 기만한 것은 승려이다. 헤겔은 이런 기만은 근본적으로 불가능하다고 말한다. 왜냐하면, 한 개인을 특정한 사태에 관해 기만하는 것은 가능하지만 대중을 기만할 수는 없기 때문이다. 헤겔에서 진리란 곧 그 시대의 정신이니, 대중의 신앙은 적어도 그 시대에는 진리가 된다.

5) 세부 투쟁

이어서 헤겔은 신앙에 대한 계몽주의의 세부적인 투쟁을 서술한다. 세부적 투쟁은 세 부분으로 구성된다. 헤겔은 우선 신앙의 대상인 신의 조각상, 두 번째는 신앙을 가능하게 하는 근거로서 지식(계시와 성서), 세 번째로는 절대적 존재와 관계를 맺는 행위(봉사)를 다룬다.

그것을 비판하는 기본 관점은 앞에서 제시한 일반적 비판과 근본적으로 같다. 이런 비판을 다시 한번 간략하게 제시해 보면, 신앙은 감각적 사물(신의 조각상, 지식, 행위)을 그 너머에 있는 신에 이르는 길, 또는 상징으로 보지만, 계몽주의는 신앙이 감각적 사물을 신 자체로 본다고 비판한다. 헤겔은 계몽주의의 이런 비판은 곧 계몽주의 자신이 감각적 사물을 감각적 사물로밖에 보지 못한 데서 비롯된 것이라고 반박한다. 그런 가운데 계몽주의는 스스로 자기 이익과 불순한 의도를 감추고 있다는 것이 드러난다는 것이다.

신앙으로 볼 때 이런 계몽주의의 비판은 끔찍하기 짝이 없다. 사물은 신성한 것인데 계몽주의는 이런 사물에서 신을 추방해버렸기 때문이다. 그러나 헤겔은 신앙의 혐오에도 불구하고 계몽주의의 비판은 정당한 권리를 가진다고 말한다.

신앙은 절대적 본질과 감각적 사물의 계기를 직접 결합하는데, 신앙 자신은 그중 어느 하나의 계기에 머물면서 다른 계기를 망각한다. 계몽주의는 신앙의 한 계기에 대해 신앙 자신이 감추고 있는 다른 계기를 보여주면서 신앙을 비판한다. 신앙 자신은 자기의 이면에 다른 계기가 있다는 사실을 모르고 있다가 계몽주의의 비판을 통해 이를 깨닫는다. 신앙은 처음에는 계몽주의의 비판에 반발하지만 결국 계몽주의의 비판을 받아들일 수밖에 없다.

계몽주의는 일반적 자아이면서 동시에 개별적 자아이다. 계몽주의는 두 계기 중 그 어디에도 머무르지 않는다. 항상 자신의 위치를 바꾸면서 그 자신의 위치에 대립하는 신앙의 계기를 비판한다. 헤겔은 이런 계몽주의의 비판이 마술꾼의 손놀림을 보는 듯하다고 한다.

그러나 계몽주의는 자신의 두 계기를 결합하지는 못한다.

그는 끝없이 자신의 위치를 바꾸면서 한 계기를 그것과 반대되는 계기로 교체할 뿐이다. 그렇더라도 계몽주의에는 새로운 가능성이 있다. 이런 교체 때문에 계몽주의에는 적어도 그가 가진 두 계기를 통합할 가능성이 생겨난다. 헤겔은 이 통일의 가능성을 '개념의 가능성'이라고 말한다.

6) 유용성의 세계

이상 헤겔의 신앙에 대한 계몽주의의 비판을 간략하게 검토해보았다. 그렇다면 계몽주의의 비판의 결과 신앙은 어떻게 변화하는가? 헤겔은 이 장을 마치면서 마지막으로 비판의 결과를 제시한다. 그 비판의 결과가 곧 유용성이라는 개념이다.

첫째로, 이런 비판을 통해 신은 감각적 사물이 아니라는 것이 드러난다. 이제 신은 절대적 본질이며 어떤 술어도 부가될 수 없는 순수한 존재이다. 즉 신은 내용이 텅 빈 공허가 된다.

둘째로, 절대적 본질이 감각적 사물과 단절된 이후, 감각적 사물은 순수하게 감각적인 사물로 된다. 지금까지 감각적 사물은 배후에 어떤 정신적인 존재를 감추고 있었다. 이제 새로이 출현한 감각적 사물은 그 어떤 배후의 정신적 존재도 결여한 순수 물질적 존재이다. 이 경험은 의식 운동의 출발점이었던 감각적 확신에 해당하는 것인데, 당시 감각적 확신은 지각으로 곧 지양되고 말았다. 그러나 계몽주의에서 감각적 사물은 그 자체가 자립적인 사물로 자족적이다. 헤겔은 정신의 역사상 처음으로 감각적 사물이 감각적 사물 그대로 긍정되었다고 한다.

마지막으로 계몽주의가 얻은 진리 즉 세 번째 계기는 양자 사이의 관계이다. 즉 절대적 공허와 감각적 사물의 관계이다. 이 관계는 두 가지로 해석할 수 있다. 하나는 공허를 통해 감각적 사물을 부정하는 관계이고 여기서 감각적 사물은 허망한 존재가 된다. 다른 하나는 감각적 사물 배후에 공허만이 존재하니, 감각적 사물은 그 자체로 절대적으로 긍정된다. 전자의 측면에서 보면 감각적 사물은 지양되는 것 즉 '대타적 존재'이며 후자의 측면에서 보면 감각적 사물은 '그 자체로 존재'한다. 전자는 감각적 사물이 타자의 수단이라는 의미이며 후자는 감각적 사물이 그 자체 목적이라는 뜻이다.

감각적 사물은 자기 목적이라는 점에서는 다른 모든 사물을 수단을 이용할 수 있다. 반대로 감각적 사물은 수단이라는 측면에서는 모든 타자의 목적을 위해 이용되는 일반적 수단이 된다. 이처럼 목적이며 동시에 수단인 존재를 헤겔은 '유용한 존재'라고 한다. 신이 깃든 세계는 이렇게 해서 유용성의 세계로 된다.

이 유용성의 세계는 지금 주변에서 흔히 볼 수 있는 세계이다. 예를 들어 인간의 신체는 과거에는 해칠 수 없는 신성한 존재였다. 오늘날 신체는 과학적 탐구의 대상으로 전락했으며, 이제는 타인을 위한 수단으로 매개되기도 한다. 다른 한편 신체는 모든 정성을 들여 가꾸어야 할 목적이 되었다. 이것이 유용성의 세계인데, 이제 인격과 심지어 신조차도 유용한 존재가 되었다. 헤겔은 유용성의 세계를 만든 것은 다름아닌 계몽주의 자신이었다고 한다.

계몽주의의 진리

1) 두 개의 당파

계몽주의가 신앙을 비판하면서 유용성 개념이 출현했다. 감각적 사물은 이제 신을 상징하는 신성한 존재가 아니라, 그 배후에 공허한 것, 무를 간직하는 것이 되었다. 그 결과 한편으로 감각적 사물은 배후에 아무것도 없는 절대적 목적이며 다른 한편으로는 무가 지배하는 현실적 수단이 된다.

헤겔은 계몽주의가 다시 두 개의 당파로 분화되는 것은 필연적이라 한다. 왜냐하면, 텅 빈 존재가 두 가지 방식으로 해석되기 때문이다. 그것은 한편으로는 사유 자신이며 다른 한편으로 그것은 대상적 존재가 된다. 전자의 측면에서 관념론이 나오고 후자의 측면에서 유물론이 나온다. 관념론은 텅 빈 존재를 순수한 사유라고 주장하며, 유물론은 텅 빈 존재가 순수한 물질이라고 주장한다.

여기서 신앙을 비판하는 데 일치했던 계몽주의 내에서 관념론과 유물론이라는 두 개의 당파가 분리된다. 알다시피 계몽주의 한편에는 돌바크(Paul Henri Dietrich d'Holbach, 1723~1789)나 라메트리(Julien Jean Offroy de La Mettrie, 1709~1751)처럼 유물론자가 있고, 다른 한편에는 루소(Jean Jacques Rousseau, 1712~1778)와 같은 관념론자가 있다. 관념론은 순수의식의 후예이며, 유물론은 순수통찰의 후예이다.

2) 유물론과 관념론의 대립

절대적 본질은 그게 물질적인 것이든 관념적인 것이든 감각적인 현실에 내재하면서 동시에 감각적 현실을 넘어서 있는 것이다. 헤겔은 이 절대적 본질을 물질로 본다면 그것은 생명의 풍요가 결여한 것이며 사유로 본다면 자기 구별이 전혀 없는 것이라고 한다. 양자는 아무 규정도 없는 것, 즉 절대적 공허라는 점에서 동일한 것이다.

관념론과 유물론이라는 구별은 절대적 본질 자체에서 나오는 것은 아니다. 사물의 절대적 본질은 아무런 규정도 없는 것이니까 이런 구별은 모두 이 절대적 본질에 의식이 어떻게 접근하는가에 따라서 달라질 뿐이다. 자기의식에서 보자면 절대적 본질은 사유에 속하는 것이고 의식의 눈으로 보자면 그것은 물질이 된다.

그런데도 관념론과 유물론은 서로 투쟁한다. 그래서 한편은 다른 편을 혐오스러운 것으로 비난하고 다른 편은 이편을 멍청한 바보라고 비난한다.

3) 상호 이행

그러므로 헤겔은 관념론과 유물론이 상호 이행한다고 말한다. 관념론과 유물론, 순수사유와 순수물질은 서로 대립하지만, 양자는 자기를 반성하는 가운데 이미 자기 속에 다른 편의 계기가 들어 있다는 것을 발견한다.

관념론은 자기의식의 편에 서서, 대상을 자신으로 인식하니, 순수한 본질은 우선 순수사유이다. 그런데 이런 순수사유는 의식의 편에서 본다면 의식의 대상이 되니 이런 의식에서는 하나의 존재로 여겨진다. 그것은 의식의 너머에 있으니 아무 규정이 없는 순수물질로 된다.

유물론은 의식의 편에 서서 대상적 존재 즉 순수물질을 주장한다. 그런데 순수물질이란 사유 또는 자기의식을 통해 본다면 추상적으로 존재하는 것이니 실재하는 것이 아니라 하나의 관념이다. 유물론도 순수사유로 이행하고 만다.

그런데 유물론이든 관념론이든 이렇게 숙고하면서 자신에서부터 반대편으로 이행이 일어난다는 것을 반성하지 못한다.

4) 절대적 자유로의 이행

계몽주의가 신앙을 비판하면서 신앙의 대상은 유용한 존재가 되었다. 감각적 사물에 초월적인 신은 사물에 내재하는 공허한 본질이 되었다. 감각적 사물은 이를 통해 유용한 존재가 된다. 즉 감각적 사물은 공허한 본질과 감각적 규정, 그 자체 목적과 대타적 수단 사이의 상호 외면적인 결합이다.

계몽주의는 개별적 자아로서 부정적 활동을 전개하는데, 이 부정은 처음에는 신앙의 대상이 되는 감각적 사물로 향했다. 그러나 신앙의 비판을 통해 계몽주의는 자기 자신을 비판하게 된다. 계몽주의의 개별적 자아의 순수한 자아가 되어 모든 타자를 부정하는 비판적 자아이다. 이 부정적 자아는 순수하다는 측면에서 모든 것을 비판하므로 절대적으로 자유롭다.

하지만 그 자신 개별적 자아로부터 완전하게 정화된 것은 아니니, 여기서 계몽주의의 모순이 있다. 절대적인 순수한 자아가 개별 자아에서 나오는 것이니, 자기모순적인 것일 수밖에 없다. 여기서 절대적 자유는 절대적 공포를 자아내는 결과가 나오니, 헤겔은 이 절대적 자유의 모습을 프랑스 혁명의 공포정치를 통해 그려낸다.

절대적 자유와 공포

계몽주의가 신앙을 비판하면서 마침내 구체제는 무너진다. 그러나 계몽주의는 여기서 자기모순에 처하면서 근대정신을 지배하던 계몽주의 자체가 무너지게 된다. 헤겔은 이 계몽주의의 몰락을 프랑스 혁명에서 등장한 공포정치를 통해 역사적으로 설명한다.

1) 구체제의 몰락

헤겔은 프랑스 혁명을 개념적으로 설명하려 한다. 그것은 신앙과 계몽주의의 투쟁이 최종적으로 도달한 결과이다.

앞에서 헤겔은 교양의 분열된 의식이 순수통찰과 계몽주의로 발전한다고 말했다. 순수통찰은 순수한 부정적 자아를 핵심개념으로 한다. 헤겔의 순수자아 개념은 루소의 일반 의지의 개념과 통하는 것으로 보이는데 이것은 모든 개별성을 부정하므로, 헤겔은 이런 순수한 자아를 '절대적 자유'라고 말한다.

신앙의 세계는 계몽주의의 비판을 통해 유용한 존재의 세계로 전락했다. 구체제의 산물은 과거에는 배후에 신성함을 간직하고 있었으나 이제 신앙이 파괴되면서 배후에 텅 빈 존재를 가진 감각적 사물에 불과하다. 이때 유용한 존재는 그 내부에 공허한 본질을 가지고 있는 감각적 사물이니 내적으로 부정성을 지닌 존재이다. 따라서 이 계몽주의적 자아 앞에 유용한 존재는 스스로 부정되고, 계몽주의적 자아는 자기를 실현한다.

유용한 존재가 내적으로 부정적인 것이므로 계몽주의적 자아의 자기실현은 이미 이루어진 것이나 다름없다. 헤겔은 이를 '내적인 전복'이라고 하는데, 이것이 프랑스 혁명이 간단하게 하루아침에 일어난 이유다.

2) 유동하는 세계

헤겔은 프랑스 혁명 중에 끊임없이 정부가 바뀌고 체제도 그때마다 요동치는 현실을 순수한 계몽주의적 자아의 개념에서 끌어낸다.

순수한 자아는 부정적인 자아이다. 그 앞에서는 어떤 대상적 산물도 자아의 부정성을 제약하는 것이니 계몽주의적 자아는 모든 대상을 파괴하고 만다. 여기서 '절대적 자유'가 나온다. 그 결과 아무것도 남지 못하고 남아 있는 것은 오직 계몽주의적 자아의 공허한 자유, 자신이 대상을 지배하며 자신이 부정하는 자아만이 남는다.

이런 순수한 자아는 절대적 자유 속에서, 아직 자기를 구별해 구체적인 것을 산출할 힘이 없다. 따라서 새로운 혁명 중에 등장한 어떤 제도나 정책도 진정한 구별이 아니고 우연적인 또는 인위적인 구별에 불과하다. 이러한 구별에 개인이 복종하더라도 그것은 개인의 자발적인 의식과는 무관하게 일어나니, 순수자아의 절대적 자유 앞에 다시 무너질 수밖에 없다. 결과적으로 절대적 자유의 체제는 어떤 구체적인 존재나 지속적인 존립을 얻지 못한다.

3) 공포정치

순수한 자아의 부정성은 이처럼 대상적으로 존재하는 것에 한정해 행사되는 것은 아니다. 순수자아는 동시에 자기 밖의 모든 타인을 부정하는 데로 나간다. 왜냐하면, 타인은 한 개인인 한, 욕망을 지닌 개별적인 자아이기 때문이다.

이 개별적 자아는 순수한 자아의 순수성을 제약한다. 순수한 자아가 실행되기 위해서 개별적 자아는 배제될 수밖에 없다. 그러므로 앞에서 일반적 정신적 본질의 구체적 산물이 존재할 수 없듯이, 개별자의 자아도 제거되어야 한다.

순수통찰은 자신은 순수한 자아이며 반면 자기에 대립하는 다른 자아는 모두 불순하고 개별적인 자아로 판단한다. 그런 개별적 자아는 행위를 가능하게 하는 힘이므로 모든 타자는 행위를 하는 순간 이미 개별적 자아가 개입한 것이어서 그 목적이 무엇이든 부정되어야 한다.

더 나아가서 모든 개별자는 개별적 자아를 가지고 있으므로 언젠가는 일반적 의지, 순수한 자아를 해치는 행위를 할 것이다. 그러므로 계몽주의는 소위 혐의법을 제정해 모든 개별자를 일반적 의지에 대립한다는 혐의로 제거하려 한다.

따라서 모든 개별적 존재는 의도를 가진 존재라는 사실만으로도 처벌된다. 이 의도를 처벌하기 위해서는 생각 자체를 빼앗을 수밖에 없고 생각을 빼앗기 위해서는 그의 존재 자체를 부정할 수밖에 없으니, 이것이 프랑스 혁명에서 처형의 광란이 일어난 이유다. 이 시대 처형은 기요틴과 같은 기계적인 수단을 통해서 간단한 방식으로 수행된다. 헤겔은 이를 다음과 같이 묘사한다.

> 그러므로 이러한 죽음이란 가장 냉혹하면서도 또한 가장 무의미한 것이니 말하자면 이것은 통배추의 밑둥을 쳐낸다거나

> 한 모금의 물을 마시는 정도 이상의 의미를 지니는 것이 아니다.(320쪽, 12~13행)

알다시피 프랑스 혁명에서 혁명 정부가 단명했던 사실도 이로부터 설명된다. 즉 하나의 당파가 자신을 정부로 즉 일반적 자아로 주장해도 그 역시 개별적 자아 즉 하나의 당파일 뿐이다. 그러므로 순수한 자아로서는 이를 부정할 수밖에 없다. 그 결과 모든 당파가 다른 당파를 제거하려는 투쟁이 벌어진다.

결론적으로 헤겔은 프랑스 혁명에서 개념과 현실의 차이를 설명한다. 그 개념에서 순수통찰은 자신을 순수한 자아로 간주하지만, 현실에서는 개별적 자아를 벗어나지 못한다. 그 결과 절대적 자유는 자기 자신을 파괴하게 되었다는 것이다. 이런 자기파괴의 광란이 프랑스 혁명에서 공포정치의 모습이다.

4) 공포정치의 결과

근대정신의 전체 과정을 보면 근본적인 모순은 개별적 자아가 일반적 자아와 직접 결합한 데에 있다. 이것이 흔히 데카르트적 자아라고 하는 것이다. 데카르트가 '나는 생각한다'고 할 때, 이 생각하는 자아는 개별 자아이지만 그 생각은 일반적이다. 여기서 개별적 자아는 자신을 부정하면서 일반적 자아를 받아들인 것은 아니다.

프랑스 혁명의 공포정치는 동시에 새로운 정신적 발전이 일어나는 전기가 된다. 절대적 자유가 불러일으키는 절대적 공포를 통해, 개별적 자아는 자신을 부정하면서 일반적 자아를 수용한다. 이렇게 '자기를 확신하는 정신, 도덕성'이 출현한다.

이 도덕적 정신이 헤겔이 『정신현상학』 전체에 걸쳐서 찾으려 했던 자유의지 즉 실질적 자유의지다. 실질적 자유의지는 사회적 정의를 수행하는 도덕적 자유의지다. 헤겔은 로마법을 통해 인격 개념 즉 형식적 자유의지가 확립되고, 프랑스 혁명의 공포정치를 거치면서 마침내 실질적 자유의지가 등장한다고 본다.

헤겔은 도덕적 자유의지는 이렇게 역사적으로 출현하는 것으로 본다. 그런데 도덕적 자유의지는 아직 출발점에 이르렀을 뿐, 진정한 형태로 출현한 것은 아니다. 진정한 자유의지는 아직 더 많은 길을 거쳐야 도달할 수 있다.

칸트의 의무 개념

도덕적 자유의지의 출현

프랑스 혁명은 계몽주의의 순수한 부정적 자아가 벌이는 절대적 자유의 표현이다. 이 절대적 자유는 역설적으로 공포정치로 전락하면서 개인의 자아는 철저하게 부정되고 마침내 정신적 본질을 자신의 목적으로 삼는 일반적 자아가 출현한다.

정신적 본질 속에서 객관적 정의가 실현된다. 이 객관적 정의가 곧 도덕이다. 그러므로 정신적 본질을 목적으로 삼는 의지는 곧 도덕적 규범을 따르는 자유의지이며 이것은 노예의 노동을 통해 출현하는 형식적 자유의지를 넘어서는 실질적 자유의지이다. 이 도덕적 자유의지는 이처럼 역사적 투쟁을 통해 출현한다. 도덕적 자유의지는 헤겔의 용어로는 정신적 본질과 개인적 확신의 결합으로서 '자기를 확신하는 정신'이다.

도덕적 자유의지를 철학적으로 개념화한 사람은 바로 칸트이다. 칸트는 루소에 심취했으나 루소가 주장하는 일반 의지의 한계를 깨달아 도덕적 자유의지라는 개념에 이르렀다고 한다. 칸트는 『실천이성비판』에서 도덕적 자유의지가 목적으로 하는 도덕적 법칙이 어떻게 출현하는가에 주로 관심을 가진다. 그는 이런 도덕법칙을 발견한 후, 이를 실현하는 자유의지를 요청했다. 그에게서 도덕적 자유의지는 개별적 욕망에 대해 대립하므로 의무라는 형식을 취한다.

헤겔은 칸트의 도덕적 자유의지를 다루면서 칸트가 주로 관심을 기울였던 도덕법칙과 자유의지의 가능성 문제는 제쳐놓고 곧바로 칸트의 의무 개념을 다룬다. 칸트에서 의무 개념은 어떻게 보면 부차적인 문제였다고 볼 수 있지만, 헤겔은 오히려 이 의무의 개념이 칸트의 도덕적 자유의지 개념의 본질에 해당하는 것으로 파악한다. 헤겔은 a소절 '도덕적 세계관'에서 칸트의 의무 개념을 소개하고 그 한계를 비판한다.

칸트의 도덕철학

이 글에서는 칸트의 도덕철학 전반을 상기할 필요가 있으니 잠시 칸트로 돌아가보자.

칸트 도덕철학의 출발점은 준칙이다. 준칙이란 한 사회에 널리 퍼진 행위 규칙을 의미한다. 칸트는 경험적으로 완전한 일반성을 지닌 준칙을 발견하기는 불가능하다고 본다. 경험은 개별적이므로 아무리 많은 경험을 겪더라도 개연성을 얻을 뿐 일반성을 얻을 수 없기 때문이다.

칸트는 도덕의 일반법칙을 얻기 위해 소위 사유의 모험을 감행한다. 이 모험이란 곧 사유의 일반적인 형식을 통해 경험적으로 발견되는 준칙을 시험하는 것이다. 즉 이런 준칙을 누구나 어느 때나 실행한다고 가정하면서 그 결과가 모순이 아닌지를 확인한다. 만일 모순이 아니라면 그 준칙은 이제 일반적 도덕법칙의 자격을 획득한다.

칸트는 도덕의 일반법칙을 세운 다음, 과연 이 도덕법칙을 실현하는 의지가 있는가를 고민했다. 여기서 칸트의 유명한 가정이 제기된다. 즉 '해야 하니까 할 수 있다'라는 가정이다. 다시 말해, 도덕법칙이 있으니 신은 인간에게 그것을 실현할 의지를 주었을 것이라 한다. 이 가정을 통해 칸트는 도덕법칙을 실현하는 의지를 자유의지라 했다. 그는 인간의 자유의지는 이 가정 외에도 사실적인 방식으로 입증될 수 있다고 보았다. 그 방식은 서문에 소개했으니 여기서 다시 말할 필요는 없겠다.

자유의지의 성격은 욕망과 구분된다. 욕망은 결과를 중시하고 쾌락을 지향한다. 반면 자유의지는 쾌락을 지향하는 것이 아니라 도덕법칙이 도덕법칙이므로 실행하려는 의지이다. 칸트는 이 자유의지가 욕망과 독립해 존재한다는 의미에서 순수의지라 했다.

칸트는 이런 자유의지가 도덕법칙에 대한 사유에서 저절로 발생할 수 있다고 한다. 간단히 말해 누구나 도덕법칙을 알면 그것을 행위하지 않을 도리가 없다는 것이다. 사유가 의지를 발생시키는 이 관계는 욕망과 행동의 관계처럼 필연적인 인과관계가 아니다. 이 사유와 의지의 관계는 합리적인 관계 즉 이유(또는 동기)와 행위의 관계이다. 그러므로 칸트는 이 의지를 자유의지라고 한다.

이 점에서 칸트는 행위의 동기를 중요시한다. 행위가 도덕법칙을 따를 때 진정으로 도덕적으로 된다는 것이다. 그는 비록 행위가 결과에서는 도덕법칙과 일치하더라도 이는 합법적(Legaltät)일 뿐이며, 동기에서 도덕법칙을 따르는 것이 아니라면 도덕적(Moralität)이라 할 수 없다고 말한다.

그런데 자유의지는 욕망과 대립한다. 욕망은 자유의지를 가로막을 수 있으므로 이 의지가 실현되기 위해서는 욕망하는 힘이 억제되고 극복되어야 한다. 자유의지가 욕망에 대한 억압적 관계가 있으므로 칸트는 이를 의무라고 했다.

의무의 개념

칸트의 도덕적 자유의지(헤겔의 용어로는 '도덕적 [자기]의식')는 왜 의무라는 형식으로 출현할까? 헤겔은 그 이유를 이렇게 설명한다. 즉 칸트에서 자유의지는 독자적으로 출현하지만, 개인적 자아(욕망) 역시 병존하고 있다. 자유의지와 욕망은 서로 대립하므로 자유의지가 실현되기 위해서는 욕망을 억제해야 한다. 그 결과 칸트의 자유의지는 의무가 되었다는 것이다.

이 의무의 개념은 그리스 시대 인륜적 정신에서 등장했던 의무 개념과 구분된다. 인륜적 정신에서 의무는 개인이 자기가 속한 집단(가족과 국가)의 법칙을 자연적으로 주어진 당위로 간주하면서 자각하지 않은 채로 수행한다. 여기서는 개인적인 자아 자체가 아직 출현하지 않았기 때문이다. 반면 근대정신 이래 성장해온 개인적 자아는 도덕적 자유의지가 출현했음에도 여전히 잔류하기 때문에 도덕적 자유의지는 이를 외면적으로 지배하는 방식을 취한다.

그러나 이런 의무는 단순한 외적 강제와는 구분된다. 외적 강제가 전적으로 폭력적이라면, 의무의 의식에는 한편으로 강제성이 존재하지만 다른 한편으로는 내적인 합일을 통한 친밀함이 전제되어 있다. 왜냐하면, 도덕적 자유의지가 목적으로 삼는 것은 사회적 상호작용을 통해 생겨나는 사회정의이기 때문이다. 개인적 자아는 도덕적 자유의지가 그 자신의 의지라는 것을 내적으로는(느낌으로) 알고 있다. 이 측면에서 개인적 자아는 도덕적 자유의지 속에서 자기를 확신하며, 그 속에서 자유를 느낀다. 이 이중성 때문에 헤겔은 이에 관해 '자기를 확신하는 정신'이라고 이름을 붙였다. 의무라는 개념은 두 가지 측면, 외면적 강제와 내적인 합일이라는 측면을 모두 포괄하는 개념이라 할 수 있다.

의무의 모순

이상에서 칸트의 도덕철학을 간단히 살펴보았지만, 앞에서 말했듯이 헤겔은 칸트의 도덕철학에서 곧바로 의무의 개념으로 다가간다. 여기서 헤겔은 이 의무가 자연(행위의 현실과 인간의 욕망 모두를 포괄한다)과 대립한다는 사실을 설명한다.

의무는 한편으로 자기 완결적이므로 자신의 자연과 무관하게 자기를 수행한다. 도덕법칙이 자연에서 실현되기 위해서는 자연을 부정해야 한다. 다른 한편 자연에는 고유한 법칙이 있으므로 도덕법칙이 실현되기 위해서는 자연의 법칙을 따라야 한다. 의무가 자연에 대해 지닌 두 측면은 의무의 자기모순으로 발전한다.

칸트는 자기의 의무론이 가진 한계를 이미 알고 있었다. 칸트는 이 한계를 해결하기 위해 세 가지 요청을 제기했다. 잘 알려진 대로 세 가지 요청이란 완전선(das vollenste Gut)과 최상선(das Höchste Gut) 그리고 최고선(das oberste Gut)이라는 개념이다. '완전선'이란 도덕의 목적이 현실에 실현되어 행복의 결과를 이루어내는 것이며, '최상선'이란 자신의 욕망을 제거하고 완전히 순수한 의지가 되는 것이고, '최고선'은 가장 도덕적인 존재에 가장 완전한 행복이 주어지는 것을 의미한다.

그러나 헤겔은 칸트 자신은 부차적으로 보았던 한계를 오히려 칸트 자신의 근본적 모순으로 파악한다. 헤겔은 칸트식의 문제 해결인 요청이 오히려 문제를 다른 데로 옮겨놓는 것에 지나지 않는다는 점을 지적한다. 그 비판은 b절의 내용이 되는

데, 우선 a절에서는 칸트 의무 개념에서 도덕적 요청이 어떻게 나오는지부터 살펴보기로 하자.

완전선의 요청

헤겔은 먼저 칸트의 완전선에 대한 요청을 다룬다. 현실은 도덕법칙과 다른 고유한 법칙에 따르니, 의무가 현실 속에서 이루어질 것인가는 전적으로 우연에 맡겨져 있다. 의무를 따르는 개인은 한편으로 현실을 무시하고 어떤 경우에라도 도덕적으로 행동한다는 데에서 도덕적 자부심을 느낀다.

그러나 다른 한편 개인은 욕망을 가지고 자신의 법칙이 현실 속에서 실현되어 행복에 이르기를 바라므로 이런 의무와 대립하는 현실에 대해 불만을 지닌다. 도덕법칙이 현실에서 실현되지 않는다면 도덕적인 의식은 이 현실에 대해 한탄하고 심지어 분개한다.

도덕법칙의 실현으로서 행복의 계기는 의무의 개념으로 보면 부차적이지만, 행복에 대한 갈망에서 보면 일차적인 것이 될 수밖에 없다. 여기서 헤겔은 칸트의 요청 개념이 필연적으로 등장한다고 본다. 의무는 필연적으로 실현되기를 요구하는

데 도덕법칙과 현실은 상호 무관하니, 도덕법칙이 실현될 수 있는 이상적 현실이 요청된다는 것이다. 인간의 힘으로 이런 이상적 현실이 이루어지기를 기대할 수는 없으니, 이 현실이 출현하기 위해서는 신의 개입이 불가결하다.

최상선의 요청

칸트의 두 번째 요청도 유사한 방식으로 출현한다. 칸트는 의무가 인간의 감성 즉 욕망과 조화해야 한다고 요청한다. 의무를 수행하기 위해서는 개인이 자연적 욕망을 극복해야 한다. 그렇지 않다면 의무는 행위로 수행되지 않을 것이다. 그러나 자연적 욕망은 의무와 일치하지 않으며 양자의 조화는 우연적인 것에 불과하다.

여기서도 앞에서 도덕과 현실적 행복 사이의 관계와 마찬가지 요청이 출현한다. 도덕법칙을 수행하기 위해서 인간은 자신의 자연적 감성을 도야해, 자연적 감성이 의무에 적합하게 되어야 한다. 이 욕망의 도야는 유한한 시간 동안 이루어지기 어려우니, 인간의 영혼은 불멸해 자기를 충분히 도야할 만큼 영원한 시간이 주어져야 한다.

앞의 완전선에 대한 요청과 최상선에 대한 요청은 요청의 방식에서 서로 다르다. 전자에서 양자의 일치는 현실에서 일어나는 것이므로, 공간적으로 초월적인 이상적 현실이 요청된다. 반면 여기서 자연적 감성과 의무의 통일은 도덕적 의식에서 일어나며 영원한 미래로 상정된다.

구체적 도덕법칙

이어서 헤겔은 도덕적 행동의 딜레마를 분석한다. 여기서는 도덕적인 존재에게 현실적인 행복이 주어질 수 있는가가 문제가 된다. 논의는 두 가지 점에서 전개된다. 하나는 도덕법칙이 구체화되어야 한다는 것이고, 다른 하나는 도덕적 정의의 개념이다.

도덕적 의무가 실현되는 현실은 복잡하다. 추상적인 의무는 이런 현실에 따라 구체적인 다양한 의무로 분화된다. 추상적인 의무가 이렇게 구체적으로 되면, 다시 말해 조건적으로 변화되면 그것은 현실에 더 적합하게 되니 의무가 실현될 가능성이 증가할 것이다. 그런 경우 마침내 도덕적인 자에게 행복이 실현되는 정의가 이루어질 것이다.

이 구체적 도덕법칙의 문제는 첫 번째 요청과 유사해보인다. 두 경우는 모두 도덕법칙과 현실의 합일을 요구하기 때문이다. 그러나 양자에 차이가 존재한다. 첫 번째 경우는 현실이 도덕법칙에 적합하게 되는 것이다. 반면 이번 경우는 도덕법칙이 현실에 적합하게 즉 구체적으로 변화하는 것이다.

그러나 도덕법칙이 구체적으로 되면, 설혹 정의가 실현된다 하더라도, 그 의무는 도덕적이라는 느낌 즉 도덕적 자부심을 상실한다. 왜냐하면, 도덕적 자부심은 현실의 저항을 극복하고 도덕법칙을 수행하는 데서 출현하기 때문이다. 그러므로 추상적인 도덕법칙일수록 현실과 대립하면서 도덕적 자부심을 강화할 것이다.

도덕법칙이 행동으로 나가기 위해서는 구체적 현실에 맞는 구체적 도덕법칙으로 되어야 하지만, 도덕법칙이 구체화되어 실현될 가능성이 증가하면 거꾸로 이를 수행하는 개인의 도덕적 자부심은 사라진다. 구체적 도덕법칙이 실현되는 경우에도 도덕적 자부심을 느낀다면 그것은 인간의 경우가 아니고 인간의 의식과 다른 어떤 의식 즉 신적 의식이어야 한다. 여기서 칸트는 신의 존재를 도덕적으로 요청하게 되었다.

도덕적 정의

마지막으로 헤겔은 도덕적 정의의 문제를 다룬다. 이 정의의 문제는 도덕적으로 노력한 인간에게 행복이 가능한가 하는 문제이다. 이는 오랫동안 윤리학의 핵심 문제가 되었다. 칸트 역시 최상선과 완전선이 일치하는 최고선의 문제를 다루면서 이 문제를 제기했다.

이 문제는 앞에서 도달한 정의로운 사회를 전제로 한다. 이 사회는 행복이 도덕적 노력의 대가로 주어진다. 그러나 이 사회가 있다고 해도, 그 사회가 정의로운가는 인간으로서는 판단하기 어렵다. 왜냐하면, 인간이 자신의 욕망을 극복해 얼마나 순수하게 도덕법칙을 따른 것인가는 불확실하기 때문이다. 거꾸로 논증하는 것도 가능하다. 만일 도덕적으로 노력한 것이 없는 자가 행복을 얻는 사회가 있다 해도, 이 사회가 불공정한 것이 아닐 수 있다. 왜냐하면, 현실 속에서 인간은 아무리 부족해도 일정 정도 도덕적인 노력을 했다고 할 수 있으니, 그의 행복은 그에 적합할 수도 있기 때문이다.

그러므로 자신의 도덕적 노력과 그의 행복 사이의 비례를 판단하는 것은 인간으로서는 불가능하니 그런 판단은 신적인 판단에 맡겨둘 수밖에 없다. 완전선의 영역은 신의 영역에 속한다고 하겠다.

의무론의 종합

이제 칸트의 의무론을 종합적으로 정리해보자. 칸트 의무론은 대립하는 두 계기, 즉 의무와 현실, 의무와 자연, 도덕과 행복을 통일하지 못했고, 이를 통일하기 위해 이상적 현실과 영혼 불멸 그리고 신의 존재를 요청하게 된다. 앞에서 말했듯이 칸트에서 이 요청은 부차적인 문제였다. 그러나 헤겔은 이 요청이 칸트의 도덕철학에서 근본적인 문제라 보았다. 왜냐하면, 헤겔은 현실적으로 인간의 행복에 대한 갈망을 무시할 수 없다고 생각하기 때문이다.

의무의 모순: 전치

의무론 비판

도덕적 자유의지를 다루는 정신 장 C절은 세 소절로 이루어진다. 그중 a소절이 도덕적 세계관이며, 칸트의 의무론을 다룬다. 그리고 c소절이 낭만주의의 양심을 다룬다. 가운데 b소절은 매개 고리가 되는 부분이다. 이 절은 앞의 a소절이 다룬 칸트 의무론에 내재하는 자기모순을 설명하는 것으로 보인다. 사실 내용을 읽다 보면 이미 앞의 a소절에서 했던 얘기의 반복으로 들린다. 다만 a소절에는 칸트 의무론이 제기하는 요청을 설명하는 데 주안점을 두었지만 여기서는 이제 그 모순을 설명하는 데 주안점이 있다.

앞의 a소절에서 헤겔은 칸트 의무론이 지닌 두 가지 대립하는 관점(의무와 현실, 의무와 욕망, 도덕과 행복)을 설명했다. 이 대립은 세 측면에서 제시되었는데 이에 따라 세 가지 요청(완전선, 최상선, 최고선)이 분석되었다. 칸트는 이 요청을 부차적이라 보았으나 헤겔은 이 요청이 칸트 도덕철학의 모순에서 필연적으로 나오는 것이라고 본다.

전치

칸트의 의무론이 지닌 모순은 이 요청과 다른 방식으로 해결되기도 한다. 이 다른 방식이 b소절에서 다루어진다. 이 절의 제목은 전치(Verstellung)인데, 그것은 어떤 것을 주장하면서 그 강조점이 이리저리 옮겨다니는 것을 의미한다.

전치 또는 전위(displacement)라는 개념은 정신분석학에서도 자주 사용된다. 예를 들어 어린아이가 자기의 잘못을 다른 아이의 잘못으로 바꾸는 것을 말한다. b소절에서 전치란 의무론이 하나의 계기를 본질로 여기다가 이로부터 필연적으로 자신과 대립하는 계기를 본질로 여기게 된다는 것을 말한다.

이 전치의 과정은 주변에서 자주 본다. 예를 들어 교수가 정치에 참여하는 경우이다. 교수는 정치 참여를 자기의 이론을 실천하는 기회로 삼는다. 언뜻 보면 매우 긍정적인 결과를 자아낼 것 같다. 하지만 현실에서는 정반대다. 왜냐하면, 교수는 정치에 관심을 가지면서 실천이 중요하다고 보고 학자로서의 연구는 소홀히 한다. 마침내 실제 정치에 참여할 때는 자신은 어디까지나 학자라는 관점에 서 있다. 그는 정치적 참여를 이론을 연구하는 기회로 삼고 실천을 중요하지 않은 것으로 여긴다. 다시 강단으로 돌아오면 그는 이제는 온통 눈과 귀를 정치에 기울이느라고 여념이 없다.

의무론에서 전치

앞에서 설명한 전치가 구체적으로 어떻게 일어나는지를 살펴보자.

첫째, 우선 헤겔은 칸트가 제시한 완전선의 개념에 일어나는 전치를 다룬다. 여기서 도덕적 의식(칸트 도덕론)은 의무감에서 시작한다. 도덕적 의식은 의무감을 느끼면서 현실적 조건과 무관하게 무조건적 행동을 요구한다. 그러나 행동의 순간, 도덕적 의식은 행복에 관한 관심을 지워버릴 수 없으므로 행동이 실현될 수 있는 현실이 나타나기까지 행동을 지연한다. 행동의 지연에 가책을 느낀 도덕적 의식은 다시 즉각적으로 행동하는 것으로 관심을 옮긴다. 도덕적 의식은 무조건적 행동과 조화로운 현실 사이에 끝없이 관심을 전치한다.

둘째, 이어서 헤겔은 칸트의 두 번째 요청 즉 최상선을 다루면서 여기서도 다시 전치가 일어난다는 것을 설명한다.

도덕적 의식은 욕망을 제거하고 의무를 수행하는 순수한 자아가 되고자 한다. 이 입장은 곧 전치되는데 강조점은 욕망으로 옮겨진다. 도덕적 행동을 위해서는 추동력이 필요하며 이 추동력은 욕망에서 나오는 것이기 때문에 이제 욕망을 제거하기보다 욕망을 지배해 욕망이 의무를 따르게 하고자 한다. 여기서 욕망의 제거는 욕망과의 조화로 전치된다. 그러나 욕망은 독자적 힘을 가지고 있으니 욕망과 조화를 이루려는 시도는 오히려 욕망에 종속당한다. 따라서 다시 예전의 입장인 욕망을 완전히 제거하려 노력하므로, 다시 전치가 일어난다.

이제 욕망을 지배하고 순수한 자아와 통일을 이루는 일은 다시 전치된다. 왜냐하면, 이런 도덕적 완성이 실제로 도달한다면 여기서는 도덕적 자부심이 사라지기 때문이다. 마치 천사에게 도덕적 자부심이 결여한 것과 같다. 그래서 도덕적 의식은 다시 욕망의 제거를 완화하고 욕망과 조화라는 입장으로 전치된다.

셋째, 도덕적인 자에게 행복이 주어지는 완전선에서도 전치가 일어난다. 모든 인간은 도덕적으로 중간 상태에 있어서 도덕적이기도 하고 비도덕적이기도 하니, 그들에게 행복이 주어질 때 그 행복이 그의 도덕성에 비례하는 것인지 아닌지를 인간은 판단할 수 없다. 이 관점에서 본다면, 비도덕적인 자가 행복을 얻는다고 비난하는 것도, 도덕적인 자에게 불행이 주어진다고 한탄하는 것도 무의미한 판단일 뿐이다. 그것은 행복을 얻은 자에 대한 시기가 아니면 불행을 겪은 자에 대한 동정심에서 나오는 주관적 판단일 뿐이다.

인간의 판단은 믿을 수 없으므로 정의의 문제는 신의 판단에 맡겨진다. 여기서 인간에서 신으로의 전치가 일어난다. 하지만 신의 판단은 다시 전치될 수밖에 없다. 도덕적 의식에서는 자신이 확신하는 것만이 진리이기 때문이다. 신의 눈에 아무리 정의로운 것이라도 인간의 눈은 그 정의를 인식할 수 없으니 그의 눈에는 불공정한 것이 된다.

넷째, 도덕적인 자에게 행복이 주어지려면 도덕법칙이 현실에서 실현될 수 있어야 한다. 이를 위해 앞에서 말했듯이 추상적인 의무가 다수의 의무로 분화될 수밖에 없다. 왜냐하면, 추상적 의무가 각각의 현실에 맞게 구체화되어야 하기 때문이다.

그러나 도덕적 의식에서는 구체적 의무를 따르는 것은 도덕적이라는 자부심을 주지 않는다. 도덕성은 현실과 욕망과 싸우는 가운데서 느껴지기 때문이다. 그러므로 어떤 구체적 내용을 지닌 의무가 있다고 할 때, 그것이 도덕적일 수 있는 근거는 그것이 오직 신의 명령이라는 사실밖에 없다.

그러나 여기서도 다시 전치가 발생한다. 도덕적 의식은 신적 존재가 보장하는 성스러운 구체적인 의무에 충실할 수가 없다. 왜냐하면, 도덕적 의식에서 볼 때는 구체적 의무가 도덕적인 것인지 의심스럽기 때문이다. 그것은 소수에게 계시를 통해 주어지기 때문이다.

더구나 도덕적 의식은 스스로 인식하는 것만을 의무로 간주하며 자기 외부에서 주어지는 것은 비록 누군가의 계시를 통한 것이라 해도 받아들일 수 없다. 그러므로 도덕적 의식은 신의 존재조차 자신이 받아들이는 도덕과 배치되는 명령을 내리는 한 받아들일 수가 없다. 예를 들어 예수는 율법과 배치되는 도덕을 신의 계시로 설교했다. 그러자 율법학자는 자신의 율법이 틀렸다고 생각하지 않고 예수 자신이 신의 아들인지를 의심했다.

이제 도덕적 의식은 자기가 확신하는 의무만을 의무로 인정한다. 하지만 도덕적 의식은 자연적 감성을 완전히 벗어날 수는 없으니 그의 인식은 우연적이며 그가 확신하는 의무는 순수한 의무인지 의심스럽게 된다. 오직 신만이 순수한 의무를 인식할 수 있기 때문이다.

결론

도덕적 의식에서 일어나는 전치는 한편으로는 칸트 의무론이 가진 모순을 폭로하는 것이지만 다른 한편에서는 새로운 도덕적 의식으로 발전하는 매개가 된다. 왜냐하면, 이런 전치는 두 가지 대립하는 계기가 필연적인 연관을 지닌다는 점을 자각시켜주기 때문이다.

이 자각을 통해 대립하는 계기 사이의 전치가 극복되면서 대립하는 계기는 통일에 이른다. 이제 양자가 통일되면서 양심이 출현하는데, 양심은 구체적 의무를 수행하면서 이를 즉각적으로 행동으로 옮기는 의식이다. 양심은 현실에 적합한 구체적 의무를 직관하며, 의무를 수행하면서도 스스로 행복하다. 여기서 의무론에서 분리된 세 가지 즉 법칙과 현실, 순수자아와 욕망, 도덕과 행복이 하나로 통일된다.

양심의 개념

양심의 개념

1) 양심 개념의 위치

『정신현상학』의 정신 장은 A절에서 그리스로마의 정신을 다루고, B절에서는 소외된 정신 즉 교양과 계몽주의를 다룬다. 그리고 마지막 C절은 자기를 확신하는 정신을 다루는데, 먼저 a, b소절에서 칸트의 의무론을 다루고 이어 c소절에서 자기 확신하는 정신의 핵심이 되는 양심을 다룬다. 헤겔이 다루는 양심 개념은 칸트 이후 등장한 낭만주의자 특히 셸링의 양심 개념이다.

이 양심 소절로 정신 장은 마감되고, 이어서 종교 장이 시작된다. 종교 장 가운데서도 특히 계시종교가 마지막 절대지 장으로 이어진다. 종교와 절대지가 함께 절대정신을 이룬다고 할 때 양심 개념은 절대정신 바로 앞에 있다. 이 사실을 본다면 헤겔이 정신의 발전 과정에서 낭만주의 철학에서 나온 양심 개념을 얼마나 높이 평가했는지 알 수 있다. 그러면서도 그는 양심 개념의 한계를 아주 깊게 들여다보고 있다. 서문에서 보듯이 어떻게 보면 『정신현상학』은 낭만주의의 양심 개념을 비판하기 위해 작성되었다고 할 수 있다.

헤겔은 양심 개념을 비판하면서 이 개념이 종교와 절대정신으로 이행할 수밖에 없는 자기모순을 설명한다. 헤겔은 급진적 낭만주의가 반동적 낭만주의로 전환하는 것은 양심의 자기모순에서 필연적이라 보았다.

2) 셸링의 양심 개념

헤겔의 양심 개념을 이해하기 전, 낭만주의자 특히 셸링이 양심 개념에 어떻게 이르렀는가를 간단하게 설명할 필요가 있겠다.

셸링은 양심 개념을 형이상학적인 방식으로 끌어낸다. 우선 그는 자연에는 활력이 지배하고 있다고 한다. 활력은 두 가지 대립하는 힘 즉 상승하는 힘과 하강하는 힘의 결합이다. 양자는 상호작용하며 서로 촉발하지만, 셸링에서는 상승하는 힘이 항상 우위에 있다. 그 때문에 자연의 생성하는 과정은 결국 신의 섭리를 따른다.

셸링은 활력 개념을 인간에게도 적용한다. 인간에게도 두 가지 힘이 작용한다. 하나는 상승하는 힘에 해당하는 도덕적 자유의지이다. 다른 하나는 하강하는 힘에 해당하는 욕망이다. 그런데 상승하는 힘인 자유의지는 하강하는 힘인 욕망에 반작용하면서 이 욕망을 오히려 넘어선다.

셸링은 이를 통해 양심 개념을 끌어낸다. 셸링의 양심 개념에 관해서는 다음과 같은 글을 참조하라.

> 우리는 종교성을 근원적이고 실천적인 의미로 이해하고자 한다. 종교성은 곧 양심성이다. 우리는 아는 바대로 행위할 따름이며 우리는 인식의 빛에 모순되는 행위를 하지 않는다.[15]

---

15 셸링, 『인간적 자유의 본질 외』, 최신한 옮김, 한길사, 2000, 132쪽.

> 모든 사람이 이성적 존재로서 아름다운 영혼이고자 하며 정의로운 존재보다는 고상한 존재로 일컬어지기를 원하는 도정에서는 도덕론이 일반적인 취미 개념으로 환원될 것이며, 이에 따르면 죄악은 곧 잘못된 취미나 타락된 취미 가운데 있게 될 것은 이미 전제되어 있다.[16]

취미란 미적 쾌락을 전제로 하는데, 이 쾌락은 욕망의 충족에서 오는 쾌락과 구분되는 독자적인 것이다. 위의 글에서 셸링이 양심을 취미로 본 것은 양심이 욕망과는 독립되고 미적 쾌락과 닮은 독자적 쾌락을 준다고 생각했기 때문일 것이다. 즉 양심에는 고유한 쾌락이 있으므로 자기를 추동하는 힘이 내재한다는 것이다. 이런 힘 때문에 양심은 곧바로 행동한다는 특징을 지닌다.

3) 헤겔의 양심 개념

헤겔의 양심 개념은 셸링의 양심 개념과 동일하지만, 이를 형이상학적 방식으로 끌어내지 않고 역사적인 생성 과정을 통해, 즉 칸트 의무론이 갖는 모순에서부터 끌어낸다. 이 모순이

16 셸링, 앞의 책, 134쪽.

불러일으키는 전치 가운데서 양자의 통일성이 자각되면서 마침내 양심이 출현한다.

헤겔은 역사적으로 생성한 양심 개념을 두 가지로 정의한다. 우선 양심적 인식은 추상적인 의무를 인식하는 것이 아니라 현실에 적합한 구체적인 의무를 인식한다. 이 인식은 인간에게 존재하는 본질 직관의 능력에 따른다. 즉 개인이 구체적 의무를 직관적으로 확신한다. 한마디로 말해 어떤 현실에 부딪히면 당장 그 현실에 적합한 의무를 자각한다는 것이다.

또한, 양심에는 고유한 쾌락이 있어서 욕망의 쾌락을 넘어서는 힘을 가진다. 양심은 자기를 추동하는 고유한 힘을 가지고 있으니, 의무처럼 행동 앞에서 멈추어서지 않으며 생각한 그대로 행동한다. 즉 양심의 행동은 즉각적이다. 양심의 행동이 곧바로 주저없이 일어난다.

4) 양심에서의 통일

헤겔은 이상에서 양심의 개념을 설명한 다음, 계속해서 양심이 지닌 긍정적 계기를 설명한다. 양심에서는 우선 칸트 의무론에서 일어나는 전치가 극복된다.

칸트 의무론에서 의무와 현실 사이의 대립 때문에 전치가 발생했다. 양심은 이런 전치를 극복한다. 왜냐하면, 양심은 현실에 적합한 구체적 도덕법칙을 파악하기 때문이다. 또한, 양심에서는 도덕적 의지와 욕망 사이에서 일어나는 전치도 사라진다. 왜냐하면, 양심은 곧 고유한 쾌락 속에서 의무를 즉각적으로 실천하는 의지이기 때문이다.

칸트 도덕론에서 의무와 양심은 개념의 차이가 있다. 칸트 도덕론에서 의무는 욕망에 대립하면서 욕망을 외면적으로 지배한다. 그러나 양심에서 의무는 일반적인 도덕 규범이면서도 동시에 양심이 전적으로 자기의 것이라 확신하는 것이며 그 의무는 자기의 것이면서 동시에 누구나 인정하는 의무라는 의미를 지닌다. 여기서는 의무와 욕망 사이의 대립이 존재하지 않고 의무는 욕망과 합일되어 있다.

칸트 도덕론에서 도덕성과 행복은 일치하지 않는다. 그러나 양심에서는 도덕적 행동이 그 자체 고유한 쾌락을 지니므로, 도덕성과 행복은 항상 일치해 있다.

양심의 법칙

1) 양심의 한계—과연 구체적인 법칙인가?

이상에서 양심의 개념을 제시한 다음 헤겔은 양심을 비판하기 시작한다. 이 비판은 두 부분으로 나누어진다. 첫 번째 부분은 양심의 법칙이 구체적이라는 주장에 대한 비판이다.

첫째, 양심은 구체적 상황에 적합한 도덕법칙을 실현하는 것인데, 이를 위해서는 구체적 상황을 인식해야 한다. 하지만 행동이 일어나는 상황은 너무나도 복잡다단하니 양심이 직관을 통해 복잡다단한 현실 전체를 인식할 수 있는가는 의심스럽다.

성실하게 상황을 전체적으로 고려한다는 것은 사실 불가능한데도 양심은 그렇게 주장하는데, 그가 알면서 그 주장을 내세운다면 기만이다. 그러나 대부분 양심은 자신을 내적으로 확신하고 있으니 자기의 인식이 부족하다는 것조차 자각하지 못한다.

둘째, 헤겔은 이번에는 의무와 연관해서 그 한계를 폭로한다. 현실은 다양한 연관을 가지며 각 연관에 따라 다양한 의무가 공존한다.

또한, 어떤 의무든 그것이 도덕법칙인 한에서 추상성을 완전히 벗어날 수는 없다. 그런 한에서 의무는 현실에 따라 다양하게 해석될 수 있다. 누구는 그 의무를 구체적인 내용 p로 해석하고 타인은 다른 구체적 내용 q로 해석한다. 이때 서로 간에 의무로 간주하는 것이 충돌할 수가 있다.

예를 들어 어떤 사람이 폭력으로 생각하는 것은 타인에게는 자기를 방어하는 것이고, 목숨을 구걸하는 것은 어떤 사람에게는 비겁한 일로 여겨지지만 타인에게는 생명을 보호하는 의무로 여겨진다.

어떻든 각자 구체적 내용에서는 자기가 확신하는 것이 의무라고 생각하며 자기에게 의무인 것을 수행할 권리가 있다면 타인도 마찬가지의 권리가 있다는 것을 인정할 수밖에 없다. 결국 양심은 서로 충돌하고 만다.

양심은 구체적 현실 속에서 행동에 나설 때 위와 같은 다양한 의무 중의 하나를 결정할 수밖에 없다. 그런데 양심의 내적 확신 속에서는 다양한 의무의 경중(輕重)을 자각할 수 없으니, 양심은 어느 것을 선택할지를 판단할 수가 없고 그 결정은 결국 자의에 맡겨지고 만다. 자의란 자연적인 충동과 경향성에 따라 이루어지는 것에 지나지 않으니, 헤겔은 이 양심의 결정이 양심의 판단인지 욕망의 강제인지 구분하기 힘들다고 한다.

만일 다양한 의무 가운데 선택을 누구나 인정하는 법에 따라 결정한다면, 이 법적 의무는 강제되는 것이니 양심의 개념과 대립한다. 양심은 어떤 의무든 자기가 인정하고 확신하는 것이 아니면 안 되기 때문이다.

구체적 의무가 지닌 충돌을 피하려 의무를 추상화하면 추상적 의무 그 자체가 구체적 의무에 대립하는 것이니 일종의 규정성을 갖는다. 따라서 추상적 의무 자체가 또 하나의 구체적 의무가 된다. 여기서 구체적 의무를 선택하느냐, 추상적 의무를 선택하느냐가 다시 문제가 된다.

이제 남은 것은 의무를 서로 비교형량 하는 것일 뿐인데, 비교형량 하는 것은 이성의 계산 능력에 속하는 것이어서 양심의 개념과 대립하는 것이 된다. 비교형량 하는 것 자체가 양심의 개념 속에 존재하지 않는다. 왜냐하면, 이렇게 비교형량 하는 것은 결국 그 결과에서 얻어지는 쾌락이나 행복을 기준으로 하니, 이것은 욕망을 전제로 하는 것이며 순수 의무를 수행하는 양심은 그런 쾌락의 계산을 혐오하기 때문이다.

2) 양심의 오만과 타인의 평가

앞에서는 양심이 추구하는 구체적 도덕법칙과 관련하는 비판이 제시되었다. 이것은 양심이 도덕법칙을 자기 확신 즉 직관에서부터 끌어내면서 등장하는 문제였다. 양심에는 또 하나의 문제가 등장하니, 바로 양심의 행동에서 나타나는 문제이다. 여기서 전개되는 헤겔의 논리를 요약하면 다음과 같다.

첫째, 양심은 자신의 도덕법칙을 내적으로 확신하고 있다. 양심은 이 확신을 내적으로 주어지는 명령으로 간주한다. 양심은 내적으로 확신하는 양심의 명령을 모든 타자도 동일하게 받아들이는 것으로 가정한다. 양심은 타자를 신뢰한다. 자기가 듣는 양심의 명령을 타인도 들을 것이라고 믿어 의심하지 않기 때문이다. 이것은 양심의 오만이다.

둘째, 양심의 개념에서 의무와 행동은 통일되어 있었다. 이제 구체적 상황에서 행동으로 나서면서 양심의 두 측면이 분리된다. 우선 양심 자신은 행동하면서 자신의 행동이 자신의 의무와 차이가 있다는 사실을 발견하지만, 이를 행동을 위해 불가피한 우연적인 문제로 간주하면서 의무의 속박을 벗어난다.

여기서 그는 자신을 합리화한다. 즉 자신의 참모습은 행동이 아니라 그가 행동하면서 마음에 품었던 순수한 의도에 있다고 한다. 그는 타인이 그의 행동에 표현된 마음속의 진실을 깨달아주기를 기대한다. 그러나 사실 그는 행동을 위해 기꺼이 의무를 버렸으나 남들은 자기의 진실을 보아야 한다고 생각하니, 양심은 타인들을 기만하는 셈이다.

셋째, 일단 행동으로 나타난 것은 어떤 것이든 개인의 욕망이 개입한 것이다. 그러므로 행동하는 양심이 자신의 행동이 의무의 수행이라고 아무리 주장해도, 타인은 다만 표면적으로 나타난 그의 행동만을 본다. 그 행동에서 타인은 양심이 주장하는 것과 다른 것을 발견한다. 타인은 그런 행동을 단지 개인적 욕망이 수행하는 것에 지나지 않는다고 본다. 양심은 자기를 확신할 권리가 있으니 타인의 확신조차도 인정하지 않을 수 없다. 그는 타인을 부정할 수도 없고 타인을 인정할 수도 없는 모순에 처한다. 양심은 이 대립과 충돌을 해결할 길이 없다.

3) 양심과 도덕적 천재

헤겔은 양심을 풍자하면서 신적인 존재에 비유한다. 신이 자신이 생각하는 대로 세상을 만들듯이 양심은 순수 의무 속에 마음대로 임의의 내용을 집어넣는다. 거꾸로 말한다면 자기의 개인적인 확신을 초월적인 양심의 일반적인 명령으로 간주한다.

양심은 자신의 확신을 도덕성의 근거로 삼기에 이제 자기가 확신하는 양심이 객관적인 도덕법칙보다 더 탁월한 것으로 간주한다. 심지어 그는 어떤 것이 자신의 양심 속에 들어오면 무엇이나 도덕적인 것으로 간주한다. 이런 점에서 헤겔은 양심을 '도덕적 천재(die moralische Genialität)'라 말한다.

양심은 신적인 창조력을 지닌다. 즉 자기가 확신하기만 하면 바로 현존한다는 것이다. 마치 신의 현존이 그 개념에서 나오는 것과 같다.

사실 이런 양심의 문제는 헤겔 당시에 하나의 사건으로 출현했다. 시인 잔트가 러시아 스파이로 알려진 코제부를 살해한다. 이 사건에 관해 낭만주의적인 법학자들은 양심에서 나오는 일은 그 자체로서 정당하다고 주장했다. 헤겔은 법철학에서 이 낭만주의 법학자를 비판한다.

그런데 『정신현상학』은 1807년 작성되었으니, 이 사건이 일어나기 훨씬 전이다. 그런데도 헤겔은 여기서 양심을 도덕적 천재라고 비판하고 있으니, 이미 나중에 일어나는 사건을 예감하고 있었다 하겠다.

4) 양심의 언어와 양심의 공동체

의무가 행동으로 나타나면 행동에 개입하는 욕망의 요소 때문에 의무에서 벗어나게 된다. 따라서 양심은 의무를 행동으로 표현하기보다는 언어를 통해 표현한다.

헤겔은 행위와 언어가 다 같이 양심이 현존하는 형식이지만 차이가 있다고 본다. 언어는 정신을 직접 표현하는 기호이므로 여기서 구체화한 것은 본래의 의도와 아무런 차이가 없는 것이 된다. 언어는 양심의 진실을 드러낸다.

그러므로 양심이 현존하는 지반은 행동이 아니다. 양심은 행동에서는 타인의 인정을 얻을 수 없다. 양심의 현존은 언어를 지반으로 삼는다. 언어는 의도와 일치하기에 타인 역시 이런 언어에서 양심의 진실이 표현된 것으로 인정하게 된다. 이제 양심과 타인은 양심의 언어를 통해 서로 합일한다.

양심은 자기를 언어로 호소한다. 나의 양심을 믿어달라고 말이다. 만일 타인이 그를 인정하지 못한다면 그것은 그 사람이 순수한 양심이 아니기 때문이다. 만일 타인이 그를 인정한다면 그것은 타인이 자신 못지않게 순수한 양심이라는 사실을 입증하는 것이 된다.

또 그는 타인의 말 역시 중요시한다. 만일 타인이 행동을 잘못한다면 그래도 용서하지만, 말을 잘못 하고 자기의 말을 지키지 않는다면 그는 타인의 인간성 자체를 의심한다.

양심은 이 언어를 통해 마침내 양심의 공동체에 도달한다. 여기서 언어가 양심의 공동체의 지반이 된다. 서로는 상대방의 언어적 표현을 보면서 서로를 양심적 존재로 인정한다. 이들은 서로 말로 자기의 진정성을 표현하며, 서로가 상대의 말을 믿으며 그 결과 상대가 양심적이며 선한 의도를 가진 순수한 자아이며, 의무를 직접 수행하려 노력하고 있다는 사실을 인정한다.

양심적인 지식인들이 벌이는 술자리에 가면 이 모습을 흔하게 볼 수 있다. 술자리는 대체로 서로의 양심을 확인하는 자리이며, 그들은 마치 진정한 우정을 지닌, 어떤 힘도 그 결속을 깨뜨릴 수 없는 형제로 선언된다. 그들은 그 자리에서 그들의 양심을 믿지 못하는 사람을 적으로 선포한다. 마침내 그들은 해만 뜨면 곧바로 행동으로 들어갈 것을 약속한다. 그러나 다음날 아침 깨어났을 때 그들은 현실을 깨닫고 뒤로 물러난다. 그들의 행동은 다시 연기된다.

양심과 행동

1) 아름다운 영혼

헤겔에 따르면 양심이 도달하는 결론은 아름다운 영혼이다. 이 말은 이미 괴테가 『빌헬름 마이스터의 수업 시대』라는 책 6장에서 별도의 에피소드로 다룬 바 있다. 여기서 주인공은 양심에 충실하게 살면서 점차 쇠약해지고 죽어간다. 헤겔은 양심이 왜 이렇게 쇠약해지는가를 아름다운 영혼이라는 개념을 통해 분석한다.

양심은 자기 확신을 토대로 하므로 양심에서 존재하는 것은 '나'일 뿐이다. 이 '나' 자신이 그 자체로서 본질이며 자기를 스스로 실현한다. 그 실현의 지반은 정신을 직접 표현하는 언어이다. 세 가지 계기 즉 의무, 확신, 언어가 양심적 '나' 속에서 직접 통일되어 있다.

그러나 헤겔은 직접적인 통일 속에서는 아무런 구별이 없으므로 가득 차 있는 것처럼 보이지만 실상 텅 비어 있다고 한다. 낭만주의적 양심은 자신은 아주 깊고 그 속에서 모든 풍요가 포함되어 있다고 말한다. 그는 무게와 깊이를 갖춘 존재처럼 보인다. 사실 그는 아무런 깊이도 무게도 없다. 그는 마치 무엇인가가 있는 듯이 어떤 물음에 관해서도 하나의 아주 모호하고 모든 의미로 해석이 가능한 말, 예를 들어 '아!'나, '음!'과 같은 말만 되풀이한다. 양심은 오만한 유아적인 자아에 지나지 않는다. 그는 자신이 곧 신이라는 망상에 빠진다.

그는 현실 속에서 자기를 실현할 힘을 가지지 못한다. 그가 말로서 실천하는 것은 그 자신에게만 의미가 있고 실제로는 무의미한 것이다. 이런 점에서 양심은 불행한 의식에 비유할 수 있다. 불행한 의식은 오직 피안에서만 자기의 행복을 얻을 수 있다고 본다. 양심은 오직 말로만 자기를 실현하면서 현실 속에서 자기의 실현은 먼 나라, 이상적인 나라에서 가능하다.

이런 점에서 양심은 순수한 동경에 빠진다. 왜냐하면, 양심은 자기를 실현하기 위해 현실과 투쟁할 수 없기 때문이다. 현실과의 투쟁을 위해서 양심은 순수성을 떠나야 한다. 즉 현실과 마찬가지로 욕망의 투쟁을 벌여야 한다. 그러나 양심은 이런 것을 회피한다. 현실에 발 디디는 것 자체가 양심을 더럽히는 일이기 때문이다. 양심은 현실에는 무기력한 존재이다.

그는 양심이 실현되는 이상적인 나라를 향해 동경하다가 마침내 자신의 무기력을 깨닫고 죽음에 이른다. 헤겔은 이 죽음에 이르는 낭만주의적 양심을 '아름다운 영혼'이라 규정한다.

> 이러한 자아는 그 자신의 내면이 지닌 존엄을 행동과 현존을 통해 더럽히지 않을까 하는 불안 속에서 살아가며 이러한 자기의 심정이 지닌 순수성을 보존하기 위해 현실과의 모든 접촉을 피한 채, 자만에 차서 무기력 속에 머무를 뿐이다. (……) 이러한 자아가 수행하는 활동은 동경일 뿐이다. 이 동경은 자아가 자신을 비본질적인 대상으로 구현하면서 자기를 상실하며 나아가서 이와 같은 상실을 넘어서고자 하여 다시 자기로 되돌아오는 가운데 다만 자기가 이미 상실되었다는 사실만을 바라보는 동경이다. (……) 마침내 자아가 간직하고 있는 각 계기가 이와 같이 투명한 순수성 속에 머무르면서 여기서 불행하면서도 이른바 아름다운 영혼이 등장한다. 이 영혼은 자체 내에서 점차 가물거리다가 형체 없는 아지랑이와도 같이 소멸하여 허공으로 날아가버리고 만다.(354쪽, 32행~355쪽, 6행)

2) 양심의 분열

헤겔은 양심을 다루는 마지막 부분에서 양심에서 의무와 행동이 마침내 분열하게 된다고 한다. 이런 분열과 양자의 대립을 통해 양심은 새로운 정신으로 발전한다. 이제 헤겔의 양심 장을 감동적으로 만드는 이런 과정을 따라가보자.

행동하는 자아에서 순수한 의무는 중요하지 않다. 행동하는 것이 본질적이다. 반면 순수한 양심에서 보면, 일반적인 의무가 본질이고 행동은 그것을 수행하는 계기에 지나지 않는다. 순수한 양심은 자신의 양심을 평가한다. 그는 자신뿐만 아니라 타인의 양심조차 평가한다. 헤겔은 이를 '평가하는 의식'이라 한다.

여기서 행동하는 자아와 평가하는 양심 사이에 대립이 발생한다. 자아의 행동에는 욕망이 개입하므로 평가하는 양심이 보기에 행동하는 자아의 행동은 불순한 것이다. 행동하는 자아는 자신이 양심적으로 행동한다고 믿으므로, 순수한 양심은 이런 행동하는 자아를 위선이라고 말한다.

반면 행동하는 자아는 평가하는 양심의 무기력함을 비판한다. 그는 타인의 행동을 가혹하게 평가하지만, 그 자신 아무런 행동 없이 이상적인 나라를 동경하는 데 그친다. 이런 평가하는 양심은 양심의 개념 자체에 어긋난다. 양심은 단호한 행동을 그 개념으로 하기 때문이다. 그러므로 행동하는 자아는 평가하는 양심이 정말로 양심적인가를 문제 삼는다.

여기서 다루어진 평가하는 양심과 행동하는 자아의 대립은 역사에서 여러 가지 형태로 나타난다. 가장 가깝게는 역사를 보는 지식인과 정치인의 대립이다. 지식인은 항상 행위의 목적이 순수한가를 우선 고려한다. 반면 정치인은 실제로 행동하는 것을 강조한다. 전자는 대체로 행위에 나서지 않고 말하는 것에 그친다. 반면 후자는 실제 행동을 위해 현실을 고려하며 그 때문에 그의 행위가 개인적 욕망에서 나온 것이 아닌가 하는 의심을 불러일으킨다.

알려진 일화에 따르면 베토벤은 나폴레옹이 농민에게 토지를 분배하면서 프랑스 혁명의 이념을 실현하는 것을 보고 감동해 교향곡 〈영웅〉을 작성했다고 한다. 하지만 그는 나폴레옹이 황제에 등극했다는 소식을 듣고 그 교향곡을 찢어버렸다. 반면 헤겔은 황제가 된 나폴레옹에 관해 '마상(馬上)의 세계정신'이라고 평가하면서 그를 세계사적 영웅으로 간주했다. 베토벤과 헤겔은 나폴레옹의 행위가 가진 두 가지 측면을 서로 다르게 파악한 것이다.

헤겔이 여기서 서술한 행동하는 자아와 순수한 양심 사이의 대결은, 낭만주의 철학자 야코비의 소설 『볼데마르』에 나오

프리드리히 하인리히 야코비

프리드리히 하인리히 야코비(Friedrich Heinrich Jacobi, 1743~1819)는 청년기에 프리메이슨에 가입했으며 루소와 볼테르의 정치사상에 심취했다. 그는 애덤 스미스의 정치경제학을 수용했다. 그는 현실에도 참여해 1779년에는 바이에른 왕국의 각료가 되었고 자유주의적인 개혁을 시도했으나 벽에 부딪혔다. 1794년 프랑스 혁명군이 남부 독일을 점령한 후 고향을 떠나 홀슈타인과 함부르크에 거주했다. 칸트주의자 라인홀트(Karl Leonhard Reinhold)를 알게 된 것은 이 시점이다. 그는 스피노자를 칸트주의와 결합하려 했다. 1804년에는 셸링과 함께 뮌헨대학 철학 교수가 되었으며 삼 년 뒤 바이에른학술원 원장을 지냈다. 1819년 뮌헨에서 사망했다.

는 볼데마르와 헨리에타 사이의 관계에서 착상한 것이라고도 볼 수 있다. 두 인물의 성격을 간단히 소개하자면, 볼데마르는 행동한 다음 자기의 행동을 항상 냉정하게 분석한다. 그 행동이 과연 평가하는 양심의 원칙에 따라 적합하게 일어났는가에 대한 검증이다. 분석은 가혹할 정도이고 자기에 한정되지 않고 타인에게도 가차없이 일어난다. 이런 인물에서 행동은 점차 중단될 수밖에 없을 것이다. 왜냐하면, 그는 곧 자신의 행동에 감추어진 욕망을 발견할 것이기 때문이다.

반면 헨리에타는 행동적인 인물이다. 그는 그때마다 자기가 행해야 할 의무를 발견하면서 즉각적으로 행동에 나선다. 이 인물은 자신의 행동이 항상 평가하는 양심에서 나온 것이라 믿어 의심하지 않으니, 자신의 행동이 갖는 감추어진 욕망에 무감각할 수밖에 없다.

3) 평가하는 양심과 행동하는 자아의 대결

순수한 양심과 행동하는 자아는 서로 비판하면서 마침내 화해에 이르게 된다. 이 과정은 『정신현상학』에서 가장 결정적인 장면이므로 좀 더 구체적으로 살펴보자.

첫째, 먼저 평가하는 양심은 행동하는 자아를 사이비 영웅으로 비판한다. 사이비 영웅이란 곧 개인적 목적을 일반적 도덕법칙 아래서 수행하는 자다.

행동하는 자아는 가면을 써서 마치 자신이 일반적 의무를 위해 행동하는 것처럼 보이게 해도, 평가하는 양심을 속이지 못한다. 이것은 그 자체로 존재하는 것인 의무를 오히려 수단으로 사용하는 것이니 위선을 심화할 것이다. 행동하는 자아가 자신의 내적 확신이 진정한 의무라고 믿고 있다고 해도 그것이 위선이 아닌 것은 아니다. 무지가 악을 정당화하는 것은 아니기 때문이다.

둘째, 여기서 헤겔은 평가하는 양심이 행동하는 자아를 오인할 가능성을 제기한다. 왜냐하면, 평가하는 양심은 마치 시종이 영웅을 알아보지 못하듯이 행동하는 자아가 지닌 일반적 측면을 보지 못하고 오직 개별적인 측면, 현실적인 측면만을 보기 때문이다. 즉 그가 개별적 측면만 보는 것은 평가하는 양심 자신이 개별적 측면을 가지므로 오직 그런 측면을 행동하는 자아에 뒤집어씌우는 것일 수 있다. 그러므로 헤겔은 평가하는 양심의 이런 평가는 평가하는 양심 자신의 비열성을 보여주는 것이라 말한다.

셋째, 평가하는 양심은 행동하는 자아를 폭로하지만, 그 스스로는 위선에 지나지 않는다. 평가하는 양심 역시 행동으로 나가지 않고 언어에 머무를 뿐이니 언어와 행동이 다르다는 점은 행동하는 자아와 다르지 않기 때문이다. 평가하는 양심은 그 자신 아무런 행동도 하지 않으면서, 행동하는 자아를 비판하는 것을 자신의 탁월한 행위로 간주하니 그는 자신의 말이 얼마나 공허한지, 비현실적인지 알지 못하고 행동하는 자아 위에 오만하게 군림한다. 헤겔은 평가하는 양심은 스스로 위선을 범함으로써 행동하는 자아의 위선을 시인할 뿐이라 한다.

넷째, 행동하는 자아는 평가하는 양심의 이런 측면을 간파한다. 행동하는 자아는 그런 평가하는 양심에 고백을 요구한다. 그는 스스로 자신이 현실적 욕망을 지닌 존재라는 점을 인정하면서 평가하는 양심 역시 자신의 비열성을 인정하기를 기대한다.

행동하는 자아의 이런 기대는 결코 평가하는 양심에 대해 적대적으로 관계하는 것이 아니다. 왜냐하면, 이 고백은 먼저 자기 자신을 고백하는 것을 전제로 하기 때문이다.

행동하는 자아가 그런 고백을 말로 한 것은 말이야말로 가장 순수하게 자신의 내면을 표현할 수 있는 것으로 보았기 때문이다. 평가하는 양심 자신도 말이 가장 순수하다고 보고 있으니 행동하는 자아도 말로 자기를 고백한 것이다. 행동하는 자아가 기대하는 것 역시 평가하는 양심이 자기를 고백하는 순수한 말이다.

다섯째, 여기서 행동하는 자아는 평가하는 양심에 대해 분노를 느끼게 된다. 그 이유는 우선 행동하는 자아는 이미 평가하는 양심이 자신과 마찬가지로 비열하다는 것을 꿰뚫어보고 있는데도, 평가하는 양심은 행동하는 자아의 자기 고백에 대해 자기를 고백하기를 거부하기 때문이다. 오히려 평가하는 양심은 자기 자신이 순수한 양심을 지키는 존재라고 주장한다. 이런 평가하는 양심의 자만심이 행동하는 자아의 분노를 일으킨 것이다.

헤겔은 여기서 역전이 일어난다고 한다. 행동하는 자아는 자신이 악하다는 것을 스스로 고백함으로써 자기 동일성을 회복하면서 이제 양심적 존재가 된다. 반면 평가하는 양심은 자신이 양심적이라고 믿지만, 사실은 행동하지 못하는 비양심적 존재라는 것을 고백하지 못하니 오히려 자기와 불일치하는 존재 즉 악한 존재가 된다.

여섯째, 그러나 평가하는 양심에도 전기가 생겨난다. 평가하는 양심은 오만했다. 그러나 이런 오만도 잠시, 평가하는 양심은 곧 죽음의 충동에 빠진다. 왜냐하면, 그의 평가하는 양심은 현실에 이를 수 없기에 양심과 현실의 '확고한 대립(festgehalten Gegensatz)'은 다만 죽음을 통해서만 극복할 수 있기 때문이다. 그러므로 이런 대립 앞에서 평가하는 양심은 죽음을 동경한다. 즉 '소멸을 동경하는 욕망(sehnsuchtiger Schwindsucht)'이다.

이런 소멸의 동경 속에서 그는 마침내 완고한 오만을 포기한다. 그는 죽음의 동경을 통해서 오히려 자신의 순수성 이면에 있는 욕망, 개별성을 모두 포기하는 것이다.

> 마침내 아름다운 영혼은 이런 모순이 화해되지 않은 채 직접적으로 영향을 미치는 가운데서 정신적인 착란에 빠지면서 동경으로 가득 찬 소멸의 충동으로 줄달음친다. 이를 통해 사실상 자기의 고립된 존재를 완강하게 고집했던 아름다운 영혼이 포기되면서 다만 존재 속에서 일어나는 통일 즉 정신이 결여된 통일이 출현하게 된다.(360쪽, 21~30행)

4) 평가하는 양심과 행동하는 자아의 통일

헤겔은 양심 장을 끝내면서 평가하는 양심과 행동하는 자아의 통일을 향해 서술해나간다. 죽음의 동경에서 자신을 자각한 평가하는 양심은 자신의 한계를 깨달으며, 행동하는 자아를 용서한다. 앞에서 행동하는 양심은 자기를 고백하면서 자신의 위선을 벗어났다. 마침내 양자는 상호 화해에 이른다.

이 화해를 통해 각자가 자기의 한계를 극복하고 완성되는 것이 아니다. 이제 개인적으로 양심을 넘어 더 완전한 존재에 이르는 길은 없다. 평가하는 양심은 자신의 한계를 고백하고, 행동하는 자아의 힘을 인정하며 거꾸로 행동하는 자아 역시 자신의 한계를 인정하고 평가하는 양심의 순수성을 인정한다.

이런 가운데 서로 한계를 지닌 상태에서 양자는 서로를 인정하면서 하나의 공동체를 이루고, 비로소 이 공동체를 통해 양자의 한계가 극복되어 자유의지의 진정한 완성이 이루어진다. 예를 들면 마치 눈이 먼 자와 다리가 없는 자가 서로 결합해 완전체가 되는 것과 같다. 헤겔은 정신 장을 끝내면서 이와 같은 통일을 다음과 같이 서술하고 있다.

> 두 개의 나는 화해하면서 상대방을 긍정하는 가운데, 서로 대립하는 현존에서부터 해방된다. 이런 화해하는 긍정을 통해

서 이원화된 나의 현존들은 그런 가운데서도 서로 동일하게 머무른다. 또한, 이런 화해하는 긍정을 통해 나는 완전히 소외되고 대립하는 가운데에서도 오직 자기 자신을 확신한다. 상호 화해하는 긍정을 통해 신은 자신이 곧 순수한 인식임을 깨우치고 있는 두 자아 한복판에 그 모습을 나타낸다.(362쪽, 25~29행)

절대정신

종교

1) 양심에서 절대정신으로 이행

헤겔은 양심 장 끝에서 공동체의 출현을 언급했다. 그것은 서로 잘못을 고백하고 서로 화해한다. 이런 상호 화해를 통해 행동하는 자아와 평가하는 양심이 상호 긍정하면서 통일을 이룬다고 한다. 헤겔은 이런 통일체를 절대정신이라 했다.

지금까지 정신은 개인의 정신이었다. 그런 정신은 역사적으로 발전하면서 앞의 정신보다 더 포괄적으로 완성되었다. 그런데 절대정신은 더이상 개인이 지닌 어떤 정신은 아니다. 절대정신은 하나의 공동체이다.[17]

이 공동체는 내적으로 서로 구분된다. 각 부분은 각자 고유한 역할을 담당하면서 전체를 구성한다. 또한, 각자는 자기의 한계를 지니면서, 자신의 한계를 타자를 통해 극복한다. 각자는 전체의 부분이면서 동시에 그 자체가 곧 전체가 된다.

이렇게 이루어진 공동체는 단순히 목적의 통일성만은 아니며 마침내 이루어진 의지의 통일성이다. 이 공동체를 공동적 자아로 규정할 수 있다. 그러나 이 공동체는 아직 그 자체로서 출현하지는 않았다. 절대정신의 마지막 단계인 절대지에 이르러 비로소 그런 공동체가 출현한다. 절대정신의 첫 단계에서는 공동체의 자아가 직접 출현하지 않고, 상징적으로 출현한다. 그게 바로 신이다.

---

17 절대정신의 의미는 『법철학』에서 더 구체적으로 제시된다. 법은 자유의지의 체계이다. 여기서 자유의지는 먼저 객관적 정신(소유-계약-불법)으로 발현한다. 그다음에 주관정신(기도-의도-선)으로 나가고 마침내 국가에 이르러 절대정신이 출현한다. 『법철학』과 『정신현상학』은 평행한다. 객관정신은 이성 장에 대응하고, 주관정신은 정신 장에 대응하며, 절대정신은 종교와 절대지에 대응한다.

2) 종교의 개념

우선 신의 개념을 보자. 헤겔이 보기에 신은 역사적으로 그 형태를 변화시킨다. 처음에 자연 신은 점차 인간을 닮은 신으로 바뀌며 최종적으로는 인격 신이 출현한다. 인격 신은 인간의 정신(사유와 자유의지)과 같은 정신을 가진 신이다. 이 변화는 사회의 변화에 따라 일어난다. 인간이 아직 자연적인 방식으로 사회를 형성할 때 신은 자연 신의 형태로 출현한다. 사회가 발전하면서 인간이 상호작용을 통해 자발적으로 사회를 구성하면서 인격 신이 출현한다.

헤겔의 철학에서 신의 형태가 역사적으로 변화한다는 사실은 헤겔이 신을 일반적으로 말하듯이 초월적인 절대적 존재로 보는 것이 아니라는 점을 드러낸다. 신이 역사적으로 변화하는 이유는 신이 공동체의 자아, 집단의지를 상징하는 것이기 때문이다.

공동체의 사회적 규범과 목적을 결정하는 것은 법이다. 이런 법이 실행되기 위해서는 공동체가 단결된 의지를 지녀야 한다. 신은 이 집단의지를 상징적으로 표현하는 것이라 할 수 있다.

집단적 의지는 어떻게 만들어질까? 신앙은 신에 대한 복종을 의미하는데 신이 공동체의 집단의지라면 신앙은 공동체의 집단의지에 복종하는 것을 의미한다. 각 개인이 이렇게 신앙을 통해 공동체의 집단의지에 복종하면서 비로소 공동체의 집단의지는 단순한 사상에 그치지 않고 실질적인 힘을 발휘할 것이다.

신앙의 형태도 신의 형태가 발전함에 따라 변화한다. 처음 자연 신에서 신앙은 곧 신의 위력에 대한 공포감에 기초한다. 여기서 인간은 자아를 상실하면서 신에 복종한다. 그러나 인격 신이 출현하면서 신앙은 다른 형태로 등장한다. 이때 신앙은 신에 대한 자발적 복종이다. 다시 말하자면 신이 자기 자신과 동일하다는 자각에 기초해 신에 대해 친밀함과 신뢰를 느끼는 감정이다. 바로 이런 감정이 곧 사랑의 감정이니, 기독교에서 성령이 사랑의 정신으로 파악되는 것도 이런 신앙의 변화를 보여준다.

신앙의 형식이 공포에서 사랑으로 변하는 것은 신이 공동체의 집단적 의지이기 때문이다. 사회가 개인의 자아에 대해 적대적일 경우 신앙은 공포의 형식으로 등장한다. 반면 사회가 개인의 상호작용을 통해 이루어지면 여기서 신앙은 사랑의 형식으로 등장한다.

헤겔의 입장 즉 신을 공동체적 의지의 상징적 형식으로 파악하는 것에 기초해 나중에 포이어바흐(Ludwig Andreas von

Feuerbach, 1804~1872)가 '신은 인간의 소외다'라고 주장한다. 포이어바흐는 인간의 본성이 곧 사랑이라는 의지에 있다고 보았으며, 이런 내적인 본성이 외적으로 소외되면서 마치 외부에서 주어지는 명령으로 받아들여질 때 신이 출현한다고 했다. 포이어바흐가 말한 인간의 본성 즉 사랑은 감정적 사랑이 아니라 인간 사이에 공동체를 형성하는 의지를 의미한다고 본다면 포이어바흐의 입장은 헤겔의 입장과 일치한다고 하겠다.

3) 자연 종교

헤겔은 종교 장에서 신과 신앙의 형태가 역사적으로 어떻게 변했는가를 서술한다. 이 서술을 간략하게 정리해보기로 하자.

우선 첫 번째, 자연적인 신의 형태를 보자. 헤겔은 신의 형태를 세 단계로 구분한다. 첫 번째가 빛의 신이다. 두 번째가 식물과 동물의 신 즉 애니미즘이다. 세 번째는 기술자로서의 신이다. 이런 신의 형태 변화는 인류의 자연적인 집단이 발전하는 역사에 따른다. 빛의 신의 단계는 가상적인 단계이다. 역사상 최초의 신은 애니미즘의 형태로 출현했는데, 이 단계는 씨족이 형성된 시기와 일치한다.

마지막 기술자(Werkmeister)로서의 신은 처음으로 인간의 모습이 가미된다. 이 단계의 신은 인간의 몸에 동물의 얼굴을 갖는다. 이 시기는 부족 집단의 출현과 일치하는 것으로 보인다.

이 단계에 이르러 신을 경배하기 위한 신전이 만들어진다. 기술자란 곧 신전 건축자를 의미한다. 이 신전은 아직 단순한 형태로 지어지며, 자연 종교 시대에 신은 인간에게 주로 공포의 대상이 될 뿐이다.

4) 예술 종교

그리스나 로마에서 부족연합이 도시에 기초한 민족국가로 발전하면서 인간의 형태를 가진 신상이 출현한다. 왜냐하면, 여기서 개인적 자아의 발전이 시작되기 때문이다. 이 이행기에 다양한 형태의 신이 출현한다.

아직 가족에 머무르고 있을 때, 신상은 지하의 영령이나 거인 신의 모습으로 출현한다. 도시국가가 출현하면서 인간의 형태를 한 조각 기둥, 영웅적 개인이나 디오니소스 신이 출현한다. 개인의 자아가 성장함에 따라서 인간의 모습을 하고 인간의 성정(性情)을 지닌 아름다운 생동적 신이 만들어진다. 신의 모습은 갈수록 인간의 이상적인 모습으로 나타난다. 동시에 처음에는 인간의 성정을 가진 구체적이며 다양화된 신이 점차 추상화되고 단일화된 신으로 발전한다. 이런 신은 점차 추상적으로 발전하는 인간의 의식을 반영하는 것이다.

도시국가 시대에는 대립하는 두 신 즉 아폴로 신과 에린네이[복수] 신으로 통일되며, 마침내 개인의 자각이 완성되면서 민족국가가 해체되고 제국이 출현하자, 신들의 통일이 일어나면서 제우스와 같은 올림포스의 최고신이 출현한다.

신상과 더불어 신전의 형태도 발전하며, 신전은 더 복잡하면서 정신을 표현하는 형태 즉 통약 불가능한 비례가 포함된 형태로 발전한다. 이 시기에 이르러 신을 경배하는 신앙의 다양한 형식이 발전한다. 신앙은 언어의 형식(찬가, 신탁)과 제의(예배, 축제)의 형식으로 출현한다.

헤겔은 이 가운데 제의에 특히 주목하는데, 제의는 두 가지 대립하는 의미를 지니고 있다. 한편으로 제의는 개인이 자신을 희생해 신에 종속시키는 방식이다. 제의는 또 다른 측면을 갖는다. 그것은 신이 자신을 인간에게 희생하는 계기이기도 하다. 이는 구체적으로는 식사의 형태로 나타나는데, 이때 음식은 곧 신이 인간에게 주는 선물이다.

전자의 계기는 개인을 민족의 집단의지와 합일시키는 신앙의 핵심적 계기다. 후자의 계기는 공동체가 낯선 것이 아니라 개인에게 친밀한 것임을 보여주는 계기다. 이런 신앙 속에서 신은 공포의 대상에서 인간에게 좀 더 친밀한 존재로 변한다.

신앙의 형태가 더 발전하면, 서사시와 비극과 희극과 같은 예술이 발전한다. 이 같은 예술 형태는 부족연합에서 민족국가가 성장해 제국으로 발전하는 과정에서 출현한다. 서사시 단계에서 신은 다양한 혈연적 부족을 대변할 뿐이며 따라서 인간의 성정을 지닌다. 서사시는 형식적으로 산만하지만, 시인은 이를 통일적으로 파악한다. 이것은 이미 부족연합이 출현하고 있음을 의미할 것이다.

비극에 이르면 신은 이제 두 가지 형태로 단순화된다. 하나는 아폴로 신과 에린네이 신이다. 그만큼 신이 추상화된다는 것을 의미한다. 신도 이제 이상적인 인간의 모습을 닮게 되는데, 이 비극에서 배우는 신을 상징하는 마스크를 쓰고 연기한다. 이것은 아직 개인의 자아가 완성되지 않았음을 의미한다. 헤겔은 이 비극은 부족연합에서 도시국가가 출현하면서 생겨나는 갈등을 표현하는 것으로 간주한다.

마침내 제국의 시대가 도래하면 제우스 신과 같은 최고신이 출현한다. 그리스 비극에서 가족과 국가라는 두 정신적 본질을 대변하는 신들이 함께 몰락하면서 최고신이 등장한 것이다. 이 시기에 개인의 자각은 완성되면서 이제 배우는 신의 마스크를 벗고 인간의 모습 그대로 등장한다. 인간은 이제 구시대 다양한 민족을 대변하는 신을 풍자하고 조롱하니, 여기서 곧 희극이 출현한다.

5) 계시 종교

가) 계시 종교의 개념

헤겔에서 종교 장의 핵심이 되는 것은 계시 종교다. 이 계시 종교는 유일한 인격 신의 형태로 나타나며(신은 이제 형상을 잃고 말로만 나타난다), 여기서 언어와 제의 같은 신앙의 형태에 덧붙여서 교회가 출현하면서 종교의 역사에서 새로운 전기를 맞이한다.

헤겔은 이런 계시 종교가 등장하는 시기가 자아가 자각되면서 정신적 본질적 지반(사회)이 해체되는 헬레니즘 시대라고 한다. 이 자아 앞에서 세상 모든 것은 공허하게 된다. 이전에 존재했던 공동체적인 의미가 상실되니, 남은 것은 무의미한 생존이다. 자아는 법적 인격으로 인정받았으나, 세계의 주인인 황제의 전제에 시달린다. 이 시대 모습을 헤겔은 다음과 같이 서술한다.

> 신의 조상 기둥도 이제는 생명을 불러일으키는 영혼이 빠져나간 사체에 불과하며 또한 찬가도 이제는 아무도 믿지 않

는 말에 지나지 않는다. 신의 식탁에는 정신적인 음식과 음료가 사라졌고 신을 기리는 경기나 축제에서도 그 [자아] 자신이 본질과 통일을 이루고 있다는 데서 느껴지는 기쁨이 다시는 전혀 의식되지 않는다. 또한, 음악의 신이 만든 갖가지 작품에서도 신과 인간을 하나로 융합하여 자기 자신에 대한 확신을 낳을 수 있었던 정신의 힘이 사라져버리고 말았다. 정신의 힘이 사라진 작품, 그것이 우리에게 나타나는 작품의 모습이다.(402쪽, 8~14행)

이 시대에는 상품 교환을 통한 인간의 상호작용으로 사회가 발전하기 시작한다. 이와 더불어(이를 예고하면서) 계시 종교가 출현한다. 계시 종교는 사회가 인간의 상호작용을 통해서 구성된 시대의 종교이다. 여기서 개인은 사회를 더이상 낯선 존재로 파악하지 않으며 다름 아닌 자기 자신으로 파악한다.

이 시대의 신은 곧 인격 신이다. 인격 신이란 곧 인간의 단순한 성정을 상징하는 신이 아니며, 인간의 정신(사유와 자유의지)을 상징하는 신이다. 그러므로 신은 이제 모든 형태를 상실하면서(우상 숭배 금지) 오직 정신을 표현하는 언어의 형태로만 나타난다. 신의 정신은 공동체를 형성하는 정신이니, 성령은 곧 사랑의 정신이다.

나) 그리스도의 수육과 죽음

이미 예술 종교 시대, 제의를 통해 인간은 제물을 바치고 신은 자신을 선물하면서 신과 인간은 합일되기 시작한다. 이런 합일은 인격 신의 출현과 더불어 더 발전된 방식으로 전개된다.

먼저 신은 자신을 인간의 모습으로 하강한다. 이것이 곧 그리스도의 수육이다. 절대적 본질인 신은 인간의 현존하는 모습을 통해 자신을 계시한다. 인간은 이제 신을 눈으로 볼 수 있게 되었다.

그러나 신이 인간의 모습으로 나타났음에도 인간은 그 존재의 진정한 본질을 알지 못한다. 인간의 모습은 감각적인 형태이기에 사람들은 그 속에서 절대적 본질을 깨닫지 못하고 그저 한 인간 즉 예수의 모습만을 볼 뿐이다. 그러므로 사람들이 신을 깨닫기 위해서 그리스도는 죽음으로써 다시 신으로 복귀해야 한다.

그리스도의 죽음을 통해 사람들은 신을 깨닫고, 신과 인간이 합일한다. 이런 합일은 본래 출발점인 추상적 신으로 되돌아가는 것이 아니다. 다시 말해 신의 진정한 본질의 실현을 의미하는 것이니, 절대적 본질과 자아의 통일로서 일반적 자아가 되는 것이다.

이 일반적 자아가 곧 성령이다. 여기서 신은 이제 대상적인 방식으로 존재하기를 그치고, 마침내 주체가 된다. 이 주체는 개별적 주체가 아니라 일반적 주체 즉 공동체가 된다.

다) 교회의 출현

예술 종교의 특징은 제의의 발전에 있다. 반면 계시 종교의 근본 특징은 교회의 발전에 있다. 이런 교회는 신앙의 새로운 형태에 기초한다. 계시 종교의 시대에 신앙에서 경외의 감정은 사라지고, 합일의 정신 즉 사랑의 정신이 지배한다. 이런 사랑의 정신은 사회가 인간에 낯선 것이 아니라 상호작용의 산물이라는 데서 나오는 것이다.

자유의지는 이제 사랑의 정신으로 발전한다. 법적 인격이 출현하면서 형식적 자유의지가 출현했다. 도덕적 자유의지가 출현하면서 실질적 자유의지가 확립되었다. 이 도덕적 자유의지는 낭만주의적 양심으로 발전하면서 자발성을 획득하게 되었다. 양심은 개인적인 차원에 머무르는 자발적 자유의지이다.

이제 사랑은 공동체의 형성을 위한 자발적 자유의지이며 이 사랑을 통해 상호작용하는 공동체의 집단의지가 형성된다. 이 사랑이 곧 헤겔이 『정신현상학』에서 추구하던 자유의지의 최종점이라 할 수 있다.

사랑의 정신이 곧 신의 정신 즉 성령이다. 사랑이라는 성령을 바탕으로 교회 공동체가 수립된다. 교회 공동체는 장차 하나님의 나라 즉 사랑으로 충만한 공동체를 형성하는 출발점이 된다.

계시 종교는 마침내 삼위일체라는 상징을 발전시킨다. 이 삼위일체는 성부, 성자, 성령을 말하지만, 헤겔은 이를 신의 수육과 그리스도의 죽음, 그리고 교회의 출현을 종합적으로 표현하는 것으로 해석한다.

삼위일체라는 상징은 사실 공동체의 내적 관계를 의미한다. 그러나 계시 종교는 아직 공동체의 내적 관계를 개념적으로 파악하지 못하고 종교적 상징의 차원에 머물렀다. 계시 종교가 개념의 차원에서 파악되면서 『정신현상학』의 마지막 장인 절대지로 이행한다.

절대지

1) 상징에서 개념으로

헤겔은 계시 종교에서 삼위일체는 상징적인 표현이라고 본다. 이제 이 상징적 표현이 올바르게 이해되기 위해서는 이를 개념적으로 파악할 필요가 있다고 한다.

삼위일체는 성부, 성자, 성령의 일체이다. 각자는 전체이면서 동시에 전체의 한 계기이다. 삼위일체란 사실 과정을 의미한다. 즉 신의 수육과 그리스도의 죽음을 통해 신과 인간이 합일 즉 성령에 이르는 과정이다.

헤겔은 이 삼위일체라는 상징은 곧 개념의 운동을 상징적으로 표현한 것이라 한다. 개념의 운동은 「서문」에서 설명했듯이 개념이 자신을 타자화하고 이로부터 다시 복귀하는 운동이다. 개념과 타자를 절대적 본질(신)과 개별적 자아(인간)로 본다면, 이 운동은 곧 절대적 본질이 자기를 구별하면서 개별적 자아가 되고 이 개별적 자아는 다시 절대적 본질 자신으로 복귀하는 운동이다.

이 운동에서 절대적 본질이나 자아는 그 자체에 머무르지 않으며 자기를 부정해 타자로 이행한다. 이 운동을 통해 절대적 본질과 개별적 자아는 통일에 이른다. 헤겔은 삼위일체의 상징을 이렇게 개념적으로 파악하면 그것이 곧 절대지라고 한다.

2) 절대지의 구체적 의미

헤겔에서 절대지는 두 가지 의미를 지니고 있다. 하나는 정신의 발전 과정 중에 최종적으로 등장한 정신의 최종 형태라는 의미다.

이 정신의 최종 형태라는 측면에서 본다면, 절대지에서 전개되는 개념의 운동은 곧 개인과 공동체의 통일을 의미한다. 개인은 공동체적 의지를 자발적으로 따르며, 공동체는 개인의 자유로운 상호작용을 통해 생성된 것이다. 이 개인과 공동체의 관계는, 곧 하나는 전체가 되고 전체는 하나가 되는 관계이다.

『정신현상학』에서 헤겔은 이런 사회를 '개념의 운동'으로 표현하는 데 그쳤다. 이런 사회의 구체적인 모습은 『법철학』에서 국가의 형태로 구체화한다. 간단하게 그 모습을 그려내보자.

국가는 군주와 의회 그리고 관료의 통일체이다. 군주는 개별성의 계기며, 의회는 일반성의 계기다. 관료는 양자를 매개하는 특수성의 계기다. 의회를 통해 결정된 법은 관료를 통해 구체적 현실에 맞게 특수하게 실행된다. 그 가운데 특수하게 실현된 법은 본래 입법의 정신에서 이탈할 수 있으니, 군주가 개입해 이를 본래의 입법 정신으로 되돌린다.

군주, 의회, 관료의 관계는 이미 종교의 삼위일체라는 상징에서 암시되었다. 이 상징이 개념적으로 파악되면서 국가의 내적 관계로 등장한 것이다. 이 관계는 개념의 일반성이 자기를 타자화하고(특수성) 이것이 다시 복귀하는(개별성) 개념의 운동이다.

개념의 운동 속에서 각 계기는 전체의 구성 요소로서 각기 고유한 기능을 지니면서도 동시에 각자의 한계를 지니고 있다. 이런 각 계기는 전체적으로 통일되면서 서로 견제와 균형의 관계 속에 있다. 그 결과 각각이 독립적으로 작용할 때 위험(우민주의, 전제주의, 귀족주의)이 사라지고 전체는 유기적인 통일체를 이룰 수 있다. 비록 각 개별적 요소는 모두 한계를 지닌 것이지만 그것이 결합한 전체는 이제 완전한 것이 된다.

이 같은 절대지는 『정신현상학』이 추구해왔던 자유의지가 실현된 결과 즉 진정한 공동체이다. 헤겔은 진정한 공동체는 이 자유의지의 실현을 통해 역사적으로 형성되는 것으로 보았다.

3) 절대지와 학문

절대지는 정신이 발전한 최종 형태다. 그런데 헤겔은 이 절대지에서 학문이 출현한다고 한다. 이것이 절대지가 가진 두 번째 의미다.

절대지의 두 번째 의미를 이해하려면 헤겔이 제시하는 형태와 계기의 변증법을 이해해야 한다. 정신은 하나의 형태에서 다른 형태로 이행한다. 이 형태는 개별적인 것에서 더 복잡한 것으로 전개되니, 밑에서부터 위로 올라가는 과정이라 하겠다. 이것은 시간적으로 전개되는 과정이다.

그런데 이 과정에서 이전의 형태는 단순히 사라지는 것이 아니라 새로운 형태에서 체계를 형성하는 내적 계기로 떨어진다. 헤겔은 이를 내면화(Erinnerung, 기억)의 과정이라 한다. 새로운 형태에 포함된 이전의 형태들은 하나의 체계를 형성한다. 이 체계는 논리적 체계 즉 추상적인 것에서 구체적인 것으로, 위에서 밑으로 내려가는 방식으로 구성된다.

비유적으로 말하자면 정신 형태의 역사적 발전을 현재의 스크린에 투영하면서 이루어진 것이 논리적 체계가 된다. 이 논리적 체계를 다시 역사적 시간 위에 투영하면 정신 형태의 역사적 발전이 생긴다.

이 같은 형태의 발전에서 최종적인 형태가 절대지다. 절대지는 가장 포괄적이며 일반적인 정신의 형태다. 이 절대지에 이르면 이전의 정신의 형태는 모두 그 속에 내적 계기로 포함된다. 이 내적 계기가 이루는 논리적 체계가 곧 학문이다. 학문의 출발점은 논리학의 가장 추상적 개념인 존재인데, 절대지가 바로 이 추상적 존재에 해당한다.

3장

철학의 이정표

첫 번째 이정표

『빌헬름 마이스터의 수업 시대』(전2권)
요한 볼프강 폰 괴테, 안삼환 옮김, 민음사, 1999

이 작품은 괴테가 본래 작성한 「빌헬름 마이스터의 연극적 사명」(1777~1778)이라는 글을 그가 이탈리아 여행 이후 1795~1796년에 재구성해 발표한, 그의 두 번째 소설이다. 이 소설은 1774년 발표된 그의 첫 번째 소설 『젊은 베르테르의 슬픔』과 대비된다.

첫 번째 소설이 발표될 시기는 괴테의 청년기였고 그 시대는 이른바 질풍노도의 시기였다. 베르테르를 사로잡았던 정신은 자연과 감정, 자유를 지향하는 낭만적 정신이었다. 이런 정신은 그의 시대를 지배하는 이성과 권위, 억압의 체제와 대립하면서 베르테르의 자살을 불러일으켰다.

『빌헬름 마이스터의 수업 시대』는 괴테가 장성해 이탈리아를 여행한 후 쓰인 소설이다. 청년기의 괴테는 예술적으로 낭만주의에서 고전주의로 전환했다. 고전주의 정신이란 그리스의 예술을 본받아, 이성과 감정, 자아와 자연, 질서와 자유를 통일하려는 것이다. 이 소설은 청년 괴테의 정신적 성장을 반영하고 있다.

주인공 빌헬름은 상인의 아들로서, 부르주아 세계의 편협함을 견디지 못하고 예술로 탈출한다. 그는 어릴 때 인형극에 빠졌고 청년기에는 여배우 마리안과 함께 도주한다. 이후 다시 유랑극단을 따라다니며 다양한 예술 체험을 한다. 그는 신비적 침묵을 지키는 소녀 미뇽과 하프를 타는 고독한 유랑자 노인을 만나기도 한다.

그러나 마침내 그는 예술적 정신에 안주하지 못하고 이로부터 다시 탈출하며, 로타리오가 이끄는 성탑회의(Turmgesellschaft)에 참여하면서 정신적 훈련을 받는다. 이 로타리오는 개혁적인 귀족이면서도 무한한 이념을 추구한다. 여기서 빌헬름은 고전주의적인 정신을 수련하게 된다.

빌헬름은 로타리오의 누이동생인 나탈리아를 만난다. 그녀는 우연히 숲에서 강도를 만나 부상한 그를 구해준 여성이며, 자애로움을 상징하는 여성이다. 부르주아 계급 출신인 빌헬름이 연극에 빠졌다가 다시 나탈리아와 결혼하는 것은 여러 가지 다양한 의미를 지닐 것이다. 이것은 정신적으로는 고전주의 정신을 상징하며 정치적으로는 부르주아 계급과 귀족 계급의 동맹을 의미한다.

헤겔의 『정신현상학』처럼 괴테의 교양소설도 정신의 모험을 다루고 있다. 또한, 헤겔 역시 낭만주의를 넘어서는데 그것은 빌헬름이 예술로서 연극을 넘어서는 것과 같다. 다만 헤겔이 도달하는 공동체 정신으로서 절대정신은 괴테가 추구하는 고전주의 정신과는 구별된다. 또한, 『정신현상학』에서 정신이 절대정신을 향해 점진적으로 발전하는 구조를 지녔다면, 『빌헬름 마이스터의 수업 시대』에서 주인공은 유랑 가운데 우연적인 만남을 통해 정신으로 발전한다는 점에서 차이가 있다.

두 번째 이정표

『헤겔의 정신현상학』(전2권)
장 이폴리트, 이종철 옮김, 문예출판사, 2013

이 책의 원제는 '헤겔 정신현상학의 생성과 구조'이며 『정신현상학』에 대한 대표적인 해설서이다. 저자인 이폴리트는 장 폴 사르트르와 거의 같은 시기 파리고등사범학교에 다녔다. 사르트르가 독일 철학자 마르틴 하이데거를 연구한 반면, 그는 같은 독일 철학자 헤겔에 몰두했다. 그는 『정신현상학』을 1939년에 번역했으며 제자들과 함께 강독했던 것을 토대로 이 책을 저술했다. 이 책은 1947년에 발간되어 많은 프랑스 청년들에게 깊은 영향을 주었다. 1970년대 들어 유명해진 미셸 푸코, 질 들뢰즈, 자크 데리다 등이 그의 영향 아래 있었다.

이폴리트는 『정신현상학』을 해석하는 데 있어서 한편으로 실존주의적 사유와, 다른 한편으로 마르크스주의 역사관을 끌어들였다. 그 덕분에 그때까지 간과되어왔던 『정신현상학』의

주제가 새롭게 부각되었다. 대표적으로 그에 의해서 『정신현상학』의 내용 중 노예가 자유의식을 얻는 과정에 관한 관심이 고조되었다.

많은 해석자가 『정신현상학』의 내용 가운데 일부만을 끌어내 자기 철학의 바탕으로 삼는 반면, 이폴리트는 그의 책에서 『정신현상학』의 전개 과정을 가능한 한 충실하게 따라가려 하며, 헤겔의 관점에 따라 『정신현상학』을 이해하려 시도했다. 그 점에서 이 책은 헤겔의 『정신현상학』을 처음 접하는 사람에게 아주 많은 도움이 되는 해설서이다.

세 번째 이정표

『헤겔과 프랑스 혁명』
요하임 리터, 김재현 옮김, 한울, 1994

리터는 대표적인 헤겔 연구가 중 한 명이다. 그는 특히 정치철학의 측면에서 헤겔 철학을 많이 연구했다.

그의 저서 『헤겔과 프랑스 혁명』은 1984년 발간과 더불어 기존의 헤겔 연구자에게 큰 충격을 주었다. 기왕에 헤겔은 프러시아의 군국주의를 옹호하는 보수적인 철학자로 자리가 매겨져왔다. 하지만 리터의 연구를 통해 헤겔의 사유가 지닌 진보적인 측면이 낱낱이 풍부하게 드러나면서 헤겔의 위상을 새로 정립하게 되었다.

이 책에서 그는 헤겔의 『정신현상학』 중에서 '절대적 자유의 공포' 절을 재해석한다. 이 절은 계몽주의의 마지막 부분에 나오면서 그다음 칸트의 자유의지 개념으로 넘어가는 매개가 되는 부분이다. 그는 이 부분을 재해석하면서 헤겔이 프랑스 혁명을 어떻게 받아들였으며, 그런 프랑스 혁명의 정신을 왜 비판하게 되었는지, 그리고 이를 어떻게 극복하려 했는지를 설명한다. 그의 설명 덕분에 헤겔이 『정신현상학』 전체에서 찾고자 했던 것이 무엇인지 드러나게 되었다. 그 점에서 이 책은 헤겔의 『정신현상학』을 이해하는 하나의 이정표라고 할 수 있다.

네 번째 이정표

『법철학』
게오르크 헤겔, 서정혁 옮김, 지식을만드는지식
2020

헤겔의 『법철학』은 헤겔이 베를린대학교 교수로 활동하던 1821년 작성되었다. 이 책에서 헤겔은 당시 그와 대립하던 낭만주의적 법학을 비판했다. 낭만주의 법학이 주로 전통을 강조하면서 중세 독일법에 기초하려 했던 반면, 이 책에서 헤겔은 로마의 자연법 전통을 수용하고자 했다.

『법철학』에서 헤겔은 법의 근거를 자유의지로 본다. 이런 자유의지는 헤겔이 『정신현상학』에서 도달한 절대정신 개념과 연관된다. 절대정신은 한 개인의 의지가 아니라 공동체의 집단의지를 의미했다. 이 집단의지가 구체적으로 출현하면서 바로 『법철학』의 자유의지 개념이 된 것이다.

헤겔은 『법철학』에서 자유의지를 한편으로는 소유권의 발전으로, 다른 한편으로는 도덕의 발전으로 본다. 『법철학』의 자유의지는 양자의 상호관계다. 이 이중성은 『정신현상학』에서도 나타난다. 『정신현상학』에서 이성은 사회의 상호작용적 관계를 다룬다. 이것은 『법철학』에서 소유권 개념과 연관된다. 『정신현상학』에서 정신 개념은 『법철학』에서 도덕의 개념과 상관된다. 이성과 정신이 결합해 절대정신이 되듯이, 『법철학』에서 소유권과 도덕의 결합으로 국가가 출현한다. 이 국가가 곧 절대정신의 구체적 실현이다.

『정신현상학』에서 헤겔은 종교의 삼위일체를 거쳐 절대지로 나갔다. 『법철학』에서 국가는 이 삼위일체 개념과 구조적으로 동일하다. 즉 국가는 군주와 의회, 관료의 결합으로 이루어진다. 이때 군주는 개별성이며 의회는 일반성을, 관료는 특수성을 의미한다. 이것을 삼위일체에 대응한다면, 군주는 성자에 해당하고 의회는 성부에 해당한다. 관료는 성령, 교회에 해당한다.

이처럼 『정신현상학』과 『법철학』의 구조적 연관성을 생각해보면 나중에 작성된 『법철학』이 『정신현상학』을 이해하는데 얼마나 도움이 되는지 이해할 수 있다.

다섯 번째 이정표

『이것이냐 저것이냐』(전2권)

쇠렌 키르케고르, 임춘갑 옮김, 다산글방, 2008

키르케고르는 헤겔의 강의를 들었다고 하지만, 헤겔에 대해서 반감을 가진 철학자다. 그런데도 그의 저서 곳곳에서 헤겔의 흔적이 엿보인다. 대표적으로 그의 저서 『이것이냐 저것이냐』를 들 수 있다.

이 책은 키르케고르가 가명으로 1843년 출판했다. 이 책은 1부와 2부로 나누어진다. 1부는 A라는 사람이 쓴 일곱 개의 논문과 A가 우연히 발견한 유혹자의 일기를 수록한다. A라는 사람은 심미적 인생관을 가지고 감성적 향락을 추구한다. 2부는 B라는 사람이 쓴 편지 형식으로 된 논문과 B의 친구인 어떤 목사의 설교로 이루어져 있다. B는 기혼자이며 판사이면서 윤리적 인생관을 가지고 있다.

심미적 인생관과 윤리적 인생관 가운데 어느 것을 선택할지를 키르케고르는 묻고 있는데, 저자는 다만 이것이냐 저것이냐 하고 묻고 있을 뿐, 선택은 독자에게 맡겨놓았다. 키르케고르는 심미적 인생관과 윤리적 인생관을 넘어서 종교적 인생관으로 발전하기를 기대하는 것 같다.

그런데 키르케고르에서 등장하는 심미적, 윤리적, 종교적 인생관이라는 세 가지의 구분은 헤겔이 『정신현상학』에서 정신 장 마지막 부분에서 칸트의 의무론과 낭만주의의 양심 개념을 다루고 이어서 종교 장으로 이행하는 것과 상응하는 것으로 보인다. 실제로 키르케고르가 제시하는 심미적 인생관은 낭만주의적 양심 개념과 유사하며, 윤리적 인생관은 칸트의 의무론과 유사하다. 또한 비록 그 내용적 의미는 달리하지만 키르케고르나 헤겔이 공통으로 종교로 이행한다는 구도에서는 서로 닮았다.

그러므로 헤겔의 『정신현상학』에서 핵심 부분 즉 정신 장에서 종교 장으로 넘어가는 부분은 키르케고르의 이것이냐 저것이냐 하는 문제와 연관해 읽어본다면 좀 더 풍부하게 이해될 것으로 보인다.

여섯 번째 이정표

『정신의 오디세이—자유의지의 역사』
이병창, 먼빛으로, 2021

이 책은 자유의지의 개념이 역사적으로 어떻게 발전했는가를 다룬다. 나는 이 책에서 헤겔의 『정신현상학』의 전개 과정을 좀 더 논리적으로 체계화하려 시도했다.

이 책에서 나는 우선 가치의 문제와 도덕의 문제를 구분했다. 가치는 무엇을 추구해야 하는가, 즉 당위와 선을 인식하는 문제이다. 반면 도덕의 문제는 실천적 의지가 어떻게 성장하는가의 문제이다. 이 책에서 나는 당위와 선의 문제는 제쳐두고 후자 즉 실천적 문제를 다루었다.

이 실천적 의지의 문제에서 가장 중요한 것은 역시 자유의지이다. 이 자유의지는 운명적 필연성에서 자의적 선택으로서 자유의지와 도덕적 목적을 추구하는 합리적 자유의지로 구분된다. 이 구분은 헤겔의 『정신현상학』에서 형식적 자유의지와 실질적 자유의지의 구별에 대응한다.

나는 자의적 선택으로서 자유의지를 부르주아 자유의 개념으로 규정한다. 이 자유는 자유롭게 선택할 수 있는 것처럼 보이지만 실제로는 욕망의 지배 아래 있다. 그러므로 자유롭게 선택한다는 것은 실상 허구에 지나지 않는다.

나는 진정한 자유의지는 합리적 자유의지 개념을 통해 등장한다고 본다. 다시 말해, 헤겔과 마찬가지로 이 합리적 자유의지는 칸트의 자유의지 개념에서 낭만주의자 셸링의 양심 개념으로 발전한다고 본다. 나는 칸트 자유의지나 셸링 양심 개념을 비판하는 데서 『정신현상학』에서 헤겔이 제시한 비판을 참고하면서 이 비판 과정은 개념이 현실과 부딪혀서 생겨나는 모순을 매개로 발전한다고 보았다.

나는 낭만주의적 양심 개념의 한계를 극복하기 위해 공동체적 의지가 필요하다고 본다. 역사는 아무리 뛰어나더라도 한 개인의 힘으로 움직일 수 있는 것은 아니고 오직 인민 대중의 집단적 의지를 통해서만 움직일 수 있기 때문이다. 이런 점에서 나는 헤겔이 신을 공동체의 집단의지로 파악한 것을 따른다. 자유의지는 형식적 자유의지에서 실질적 자유의지를 넘어 공동체를 형성하는 자유의지로 발전해야 한다고 본다.

생애 연보

1770년 8월 27일 독일 남부 슈투트가르트에서 태어나다. 어머니는 헤겔이 13세 때 질병으로 사망했으며 헤겔과 그의 아버지도 같은 병을 앓았으나 간신히 살아나다.

1788년 헤겔은 튀빙겐대학에 들어가 기숙사에서 살다. 그는 셸링과 횔덜린과 같은 방을 사용했다고 알려진다. 1789년 프랑스 혁명이 일어나자 그들은 기숙사 앞에 자유의 나무를 심었다고 하며, 매년 7월 4일 바스티유 봉기를 기념하여 건배하다.

1793년 대학 졸업 후 헤겔은 1796년까지 베른에서 가정교사로 일하다.

1797년 횔덜린의 추천으로 프랑크푸르트 와인 상인의 집에서 가정교사가 되다.

1801년 셸링의 추천으로 예나대학교 사강사가 되다.

1805년 예나대학에 비정규 교수로 임명되다. 전쟁으로 수강생이 없어서 강의는 이루어지지 않다. 이 시기 그는 셸링의 동일성 철학을 비판하면서 그의 독자적인 철학 체계를 구상하고, 1806년 그것을 위한 예비학으로서 『정신현상학』을 작성하기 시작하다.

1807년 밤베르크로 이주해 니트함머의 추천으로 《밤베르크 신문》의 편집자가 되다. 이 신문은 친프랑스적이며 나폴레옹을 찬양했다. 헤겔은 밤베르크의 봉건적 유산에 관해서는 낡은 바바리아적인 것이라며 비판하다.

1808년 11월 니트함머의 추천으로 뉘른베르크의 김나지움 교장이 되다.

1811년 22살 어린 마리 폰 투허와 결혼하고, 두 아들을 얻다. 1812~1813년 그는 『논리학』을 발표하다.

1816년 하이델베르크대학 교수가 되다. 그는 강의를 위해 『철학 강요』를 저술하고, 1818년에는 처음으로 예술철학을 강의하다.

1818년 베를린대학에서 피히테 사후 비어 있던 철학 교수 자리를 제안받고 승낙하면서 베를린대학 교수가 되다. 베를린대학에서 그는 프러시아 반동 정책을 반대하며 프러시아 개혁주의를 지지하다. 헤겔은 급진적 학생 운동과 보수적 낭만주의 사상을 동시에 비판하면서 프러시아 개혁을 옹호하다. 그 산물이 1821년 발표된 『법철학』이다.

1831년 11월 14일 콜레라에 걸려 사망하다. 그는 도로텐슈타트 묘지에서 피히테와 졸거(그가 존중한 낭만주의 문학자) 옆에 묻히다.

참고 문헌

게오르크 헤겔, 『정신현상학』(전2권), 임석진 옮김, 한길사, 2005.

게오르크 헤겔, 『법철학』, 서정혁 옮김, 지식을 만드는 지식, 2020.

게오르크 헤겔, 『역사철학강의』, 권기철 옮김, 동서문화사, 2016.

게오르크 헤겔, 『미학』(전3권), 두행숙 옮김, 은행나무, 2010.

게오르크 헤겔, 『종교철학』, 최신한 옮김, 지식산업사, 1999.

이마누엘 칸트, 『실천 이성 비판』, 백종현 옮김, 아카넷, 2019.

프리드리히 벨헬름 셸링, 『인간적 자유의 본질 외』, 최신한 옮김, 한길사, 2000.

쇠렌 키르케고르, 『이것이냐 저것이냐』, 임춘갑 옮김, 치우, 2012.

요한 볼프강 폰 괴테, 『빌헬름 마이스터의 수업 시대』, 안삼환 옮김, 민음사, 1999.

장 이폴리트, 『헤겔의 정신현상학』(전2권), 이종철 옮김, 문예출판사, 1989.

남기호, 『헤겔과 그 적들』, 사월의 책, 2019.

이병창, 『영혼의 길을 모순에게 묻다』, 먼빛으로, 2010.

이병창, 『불행한 의식을 넘어』, 먼빛으로, 2012.

이병창, 『정신의 오디세이—자유의지의 역사』, 먼빛으로, 2021.

EBS 오늘 읽는 클래식

헤겔의 정신현상학

1판 1쇄 발행 2022년 12월 30일
1판 2쇄 발행 2024년 7월 25일

지은이 이병창

펴낸이 김유열 | 디지털학교교육본부장 유규오
출판국장 이상호 | 교재기획부장 박혜숙 | 교재기획부 장효순
북매니저 윤정아, 이민애, 정지현

책임편집 장윤호 | 디자인 정계수 | 일러스트 최광렬 | 인쇄 애드그린인쇄

펴낸곳 한국교육방송공사(EBS)
출판신고 2001년 1월 8일 제2017-000193호
주소 경기도 고양시 일산동구 한류월드로 281
대표전화 1588-1580 | 홈페이지 www.ebs.co.kr
이메일 ebsbooks@ebs.co.kr

ISBN 978-89-547-7255-6 04100
978-89-547-6188-8 (세트)